氢能与燃料电池产业应用人才培养丛书

氢能与燃料电池产业概论

Introduction to Hydrogen Energy and Fuel Cell Industry

山东氢谷新能源技术研究院　组编

张　真　主编

机械工业出版社

本书是"氢能与燃料电池产业应用人才培养丛书"的开篇之作。全书共 6 章，包括氢能概论，氢能的供给，氢能的储存、运输与加注，氢燃料电池，氢能的应用，氢能的生态与未来，对氢能与燃料电池产业进行了全面地介绍，梳理了氢能的特点与发展历程，阐明了氢能在中国乃至全球可持续发展中的关键作用，展望了氢能未来的发展趋势。

本书可以作为高等院校、氢燃料电池研究机构和企业工程技术人才培养的专业教材和参考资料。希望本书能够对氢能和燃料电池产业链的全貌予以呈现，为行业人才全面了解氢能建立一定的认知基础。

图书在版编目（CIP）数据

氢能与燃料电池产业概论/山东氢谷新能源技术研究院组编；张真主编. —北京：机械工业出版社，2023.4（2024.4 重印）

（氢能与燃料电池产业应用人才培养丛书）

ISBN 978-7-111-72888-7

Ⅰ.①氢… Ⅱ.①山… ②张… Ⅲ.①氢能-燃料电池-电气工业-产业发展-研究-世界 Ⅳ.①F416.61

中国国家版本馆 CIP 数据核字（2023）第 051380 号

机械工业出版社（北京市百万庄大街 22 号　邮政编码 100037）
策划编辑：舒　恬　　　　　责任编辑：舒　恬　丁　锋
责任校对：张亚楠　王明欣　　封面设计：王　旭
责任印制：单爱军
北京虎彩文化传播有限公司印刷
2024 年 4 月第 1 版第 2 次印刷
184mm×260mm・9.75 印张・230 千字
标准书号：ISBN 978-7-111-72888-7
定价：69.90 元

电话服务　　　　　　　　　网络服务
客服电话：010-88361066　　机　工　官　网：www.cmpbook.com
　　　　　010-88379833　　机　工　官　博：weibo.com/cmp1952
　　　　　010-68326294　　金　书　网：www.golden-book.com
封底无防伪标均为盗版　　　机工教育服务网：www.cmpedu.com

编写委员会

指导委员会（排名不分先后）：
衣宝廉　中国工程院院士
陈清泉　中国工程院院士
彭苏萍　中国工程院院士
丁文江　中国工程院院士
刘　科　澳大利亚技术科学与工程院外籍院士，南方科技大学创新创业学院院长
张永伟　中国电动汽车百人会副理事长兼秘书长，首席专家
余卓平　同济大学教授，国家燃料电池汽车及动力系统工程技术研究中心主任

编写委员会（排名不分先后）：
主　任：张　真
副主任：贡　俊　邹建新　赵吉诗　缪文泉　戴海峰　潘相敏
　　　　苗乃乾
委　员：刘　强　潘　晨　韩立勇　张焰峰　王晓华　宋　柯
　　　　孟德建　马天才　侯中军　陈凤祥　张学锋　宁可望
　　　　章俊良　魏　蔚　裴冯来　石　霖　程　伟　高　蕾
　　　　袁润洲　李　昕　杨秦泰　杨天新　时　宇　胡明杰
　　　　吕　洪　林　羲　陈　娟　胡志刚　张秋雨　张龙海
　　　　袁　浩　代晓东　李洪言　杨光辉　何　蔓　林明桢
　　　　范文彬　王子缘　龚　娟　张仲军　金子儿　陈海林
　　　　梁　阳　胡　瑛　钟　怡　阮伟民　陈华强　李冬梅
　　　　李志军　黎　妍　云祉婷　张家斌　崔久平　王振波
　　　　赵　磊　张云龙　宣　锋

FOREWORD
丛书序

当今世界正经历百年未有之大变局，新一轮科技革命和产业变革同我国经济高质量发展要求形成历史性交汇。以燃料电池为代表的氢能开发利用技术取得重大突破，为实现零排放的能源利用提供了重要解决方案。因此，我们需要牢牢把握全球能源变革发展大势和机遇，加快培育发展氢能产业，加速推进我国能源清洁低碳转型。

国际上，全球主要发达国家高度重视氢能产业发展，氢能已成为加快能源转型升级、培育经济新增长点的重要战略选择。全球氢能全产业链关键核心技术趋于成熟，燃料电池出货量快速增长、成本持续下降，氢能基础设施建设明显提速，区域性氢能供应网络正在形成。

"双碳"目标的提出，为我国经济社会实现低碳转型指明了方向，也对能源、工业、交通、建筑等高排放领域提出了更高的标准、更严格的要求。氢是未来新型能源体系的关键储能介质，是推动钢铁等工业领域脱碳的重要原料，是重型货车、船舶、航空等交通领域低碳转型最具潜力的路径，也是零碳建筑、零碳社区建设的必要组成。可以说，氢能的发展关系着碳达峰、碳中和目标的实现，也是推动我国经济持续高质量发展的战略性新兴产业、朝阳产业。

过去三年，我国氢能产业在政策的指引及支持下快速发展。氢从看不见的气体，渐渐融入看得见的生活；氢燃料客车往来穿梭在北京冬奥会、冬残奥会的场馆与赛区之间，一座座加氢站在陆地乃至海上建成，以氢为燃料的渣土车、运输车、环卫车在各地投入使用，氢能乘用车、氢能自行车投入量产，氢动力船舶开始建造，氢能飞行器开启了人们对氢能飞机的想象。2022年3月，国家发展改革委、国家能源局联合发布《氢能产业发展中长期规划（2021—2035年）》，提出到2025年，基本掌握核心技术和制造工艺，燃料电池车辆保有量约5万辆，部署建设一批加氢站；到2030年，形成较为完备的氢能产业技术创新体系、清洁能源制氢及供应体系；到2035年，形成氢能产业体系，构建多元氢能应用生态，可再生能源制氢在终端能源消费中的比例明显提升。未来，氢能产业在以国内大循环为主体、国内国际双循环相互促进的新发展格局下，将迎来更广阔的发展空间。

科技是第一生产力，人才是第一资源，氢能产业的高质量发展离不开人才体系的培养。2021年7月，教育部发布《高等学校碳中和科技创新行动计划》，次年4月发布《加强碳达峰碳中和高等教育人才培养体系建设工作方案》，均提到了对氢制储输用全产业链的技术攻关和人才培养要求,"氢能科学与工程"成为新批准设立的本科专业。《氢能产业发展中长期规划（2021—2035年）》也提出,要系统构建氢能产业创新体系:聚焦重点领域和关键环节,着力打造产业创新支撑平台,持续提升核心技术能力,推动专业人才队伍建设。2022年10月,中共中央办公厅、国务院办公厅印发《关于加强新时代高技能人才队伍建设的意见》,提出构建以行业企业为主体、职业学校为基础、政府推动与社会支持相结合的高技能人才培养体系,加大急需紧缺高技能人才培养力度。

氢能产业的快速发展给人才培养带来挑战,氢能产业急需拥有扎实的理论基础、完整的知识体系,并面向应用实践的复合型人才。此次出版的"氢能与燃料电池产业应用人才培养丛书"由中国电动汽车百人会氢能中心邀请来自学术界、产业界和企业界的专家学者们共同编写完成,是一套面向氢能产业应用人才培养的教育丛书,它填补了行业的空白,为行业的人才建设工作做出了重要的贡献。

氢不仅是关乎国际能源格局、国家发展动向的产业,也是每一个从业者的终身事业。事业的成功要依靠个人不懈的努力,更要把握时代赋予的机遇,迎接产业蓬勃发展的浪潮。愿读者朋友能以此套丛书作为步入氢能产业的起点,保持初心,勇往直前,不负产业发展的伟大机遇与使命!

陈清泉

中国工程院院士
英国皇家工程院院士
世界电动汽车协会创始暨轮值主席
2022年10月于香港

PREFACE 前言

氢能作为来源多样、应用高效、清洁环保的二次能源，广泛应用于交通、储能、工业和发电领域。氢能的开发利用已成为世界新一轮能源技术变革的重要方向，也是全球实现净零排放的重要路径。伴随我国"双碳"战略目标的提出，氢能因具有保障能源安全、助力深度脱碳等特点，成为我国能源结构低碳转型、构建绿色产业体系的重要支撑，产业发展方向明确且坚定。

当前，氢能产业发展迅猛，已经从基础研发发展到批量化生产制造、全面产业化阶段。面对即将到来的氢能规模化应用和商业化进程，具有扎实的理论基础和工程化实践能力的复合型人才将成为推动氢能产业发展的关键力量。氢能人才培养是一个系统化工程，需要有好的人才政策、产业发展背景做支撑，更需要有产业推动平台、科研院所以及众多企业的创新集聚，共同打造产学研协作融合的良好生态。

2021年7月，教育部印发《高等学校碳中和科技创新行动计划》，明确推进碳中和未来技术学院和示范性能源学院建设，鼓励高校开设碳中和通识课程。2022年10月，中共中央办公厅、国务院办公厅印发了《关于加强新时代高技能人才队伍建设的意见》，明确提出："技能人才是支撑中国制造、中国创造的重要力量。加强高级工以上的高技能人才队伍建设，对巩固和发展工人阶级先进性，增强国家核心竞争力和科技创新能力，缓解就业结构性矛盾，推动高质量发展具有重要意义"。为贯彻落实党中央、国务院决策部署，加强新时代高技能人才队伍建设，同时结合目前氢能产业发展对人才的要求，中国电动汽车百人会氢能中心联合上海燃料电池汽车商业化促进中心、佛山环境与能源研究院、上海氢能利用工程技术研究中心、上海智能新能源汽车科创功能平台、山东氢谷新能源技术研究院等单位共同编制了"氢能与燃料电池产业应用人才培养丛书"。

本系列丛书包括《氢能与燃料电池产业概论》《制氢技术与工艺》《氢气储存和运输》《加氢站技术规范与安全管理》《氢燃料电池汽车及关键部件》《氢燃料电池汽车安全设计》《氢燃料电池汽车检测与维修技术》，丛书内容覆盖了氢能与燃料电池全产业链完整的知识体系，同时力图与工程化实践做好衔接，立足应用导向，重点推进氢能技术研发的实践设计和教学活动，增进教育链、人才链与产业链的深度融合，可以让学生或在职人员通过学习培训，全面了解氢能与燃料电池产业的发展趋势、技术原理、工程化进程及应用解决方案，具备在氢气制取、储运，加氢站运营，氢燃料电池汽车设计、制造、检测与维修等领域工作所需的基础知识与实操技能。

本书是全套系列丛书的开篇之作。全书共分为6个章节，包括氢能概论，氢能的供给，氢能的储存、运输与加注，氢燃料电池，氢能的应用，氢能的生态与未来等内容，梳理了氢能的特点与发展历程，阐明了氢能在中国乃至全球可持续发展中的关键作用，展望了氢能未来的发展趋势。希望本书能够对氢能和燃料电池产业链的全貌予以呈现，为行业人才全面了解氢能建立一定的认知基础。

丛书编写委员会虽力求覆盖完整产业链的相关要点，但新技术发展迅速，编写过程中仍有许多不足，欢迎广大读者提出宝贵的意见和建议，以不断校正与完善图书内容，培养出产业急需的高技能人才。在此特别感谢各有关合作单位的鼎力支持及辛勤付出。

希望本套丛书能够为氢能产业专业人才提供帮助，为氢能产业人才培养提供支撑，为氢能产业可持续发展贡献微薄之力。

张真

"氢能与燃料电池产业应用人才培养丛书"编写委员会主任

中国电动汽车百人会氢能中心主任　山东氢谷新能源技术研究院院长

目 录

丛书序

前言

第1章 氢能概论 ... 1
1.1 氢能的特点 ... 1
1.2 氢能的综合开发与利用 ... 4
- 1.2.1 全产业链统筹发展 ... 4
- 1.2.2 技术路线综合选择 ... 5
1.3 氢能对实现"双碳"目标的作用与价值 ... 6
- 1.3.1 氢能与可再生能源协同发展 ... 7
- 1.3.2 氢电耦合能源网络 ... 9
- 1.3.3 氢能与节能减排 ... 9
1.4 氢能全产业链图谱 ... 10
1.5 国内外氢能产业发展现状 ... 11
- 1.5.1 全球主要经济体发布氢能战略 ... 12
- 1.5.2 国际氢能产业化进程 ... 13

思考题 ... 15

第2章 氢能的供给 ... 17
2.1 化石能源制氢 ... 19
- 2.1.1 技术特点 ... 19
- 2.1.2 成本与发展现状 ... 24
2.2 水电解制氢 ... 27
- 2.2.1 技术特点 ... 28
- 2.2.2 成本与发展现状 ... 31

2.3 工业副产氢提纯 ………………………………………………………… 36
　　2.3.1 技术特点 ………………………………………………………… 37
　　2.3.2 成本与发展现状 ………………………………………………… 42
2.4 其他制氢方式 …………………………………………………………… 44
2.5 氢能供给体系发展方向 ………………………………………………… 45
　　2.5.1 低碳化 …………………………………………………………… 45
　　2.5.2 安全化 …………………………………………………………… 46
　　2.5.3 经济性 …………………………………………………………… 46
思考题 ………………………………………………………………………… 47

第3章　氢能的储存、运输与加注 ……………………………………… 48

3.1 氢能的储存 ……………………………………………………………… 48
　　3.1.1 高压气态储氢 …………………………………………………… 49
　　3.1.2 低温液态储氢 …………………………………………………… 51
　　3.1.3 固态储氢 ………………………………………………………… 53
　　3.1.4 有机液态储氢 …………………………………………………… 56
3.2 氢能的运输 ……………………………………………………………… 57
　　3.2.1 高压气态运输 …………………………………………………… 57
　　3.2.2 低温液态运输 …………………………………………………… 60
　　3.2.3 管道运输 ………………………………………………………… 61
　　3.2.4 其他运输方式 …………………………………………………… 63
3.3 氢能的加注 ……………………………………………………………… 64
　　3.3.1 加氢站的核心设备与常规配置 ………………………………… 65
　　3.3.2 加氢站运营管理 ………………………………………………… 68
思考题 ………………………………………………………………………… 70

第4章　氢燃料电池 ……………………………………………………… 71

4.1 氢燃料电池工作原理 …………………………………………………… 71
4.2 氢燃料电池堆 …………………………………………………………… 73
　　4.2.1 双极板 …………………………………………………………… 74
　　4.2.2 膜电极 …………………………………………………………… 77
　　4.2.3 质子交换膜 ……………………………………………………… 78
　　4.2.4 催化剂 …………………………………………………………… 81
　　4.2.5 气体扩散层 ……………………………………………………… 83

4.3 氢燃料电池辅助系统 ································· 87
 4.3.1 空气压缩机 ································· 87
 4.3.2 增湿器 ····································· 87
 4.3.3 氢气循环设备 ······························· 88
 4.3.4 储氢瓶 ····································· 89
4.4 氢燃料电池系统控制技术 ··························· 90
 4.4.1 控制硬件 ··································· 90
 4.4.2 控制策略 ··································· 94
思考题 ··· 97

第5章 氢能的应用 ···································· 98

5.1 氢能在交通中的应用 ······························· 98
 5.1.1 氢燃料电池汽车 ····························· 98
 5.1.2 氢燃料电池船舶 ···························· 100
 5.1.3 氢动力航空 ································ 102
 5.1.4 氢动力轨道交通 ···························· 103
5.2 氢能在储能中的应用 ······························ 104
 5.2.1 光（风）储氢电一体化 ······················ 105
 5.2.2 燃料电池分布式发电 ························ 107
5.3 氢能在工业中的应用 ······························ 108
 5.3.1 石油炼化 ·································· 108
 5.3.2 氢炼钢 ···································· 109
 5.3.3 绿色甲醇、绿氨 ···························· 111
5.4 氢能在发电中的应用 ······························ 112
 5.4.1 热电联产 ·································· 112
 5.4.2 技术路线与应用 ···························· 113
思考题 ·· 115

第6章 氢能的生态与未来 ····························· 116

6.1 氢能与循环经济 ·································· 116
 6.1.1 循环经济的概念和意义 ······················ 116
 6.1.2 发展氢能是构建循环经济的重要模式 ·········· 117
6.2 氢能产业政策 ···································· 119
 6.2.1 国际产业政策与规划 ························ 119

目 录

- 6.2.2 中国产业政策与规划 ... 120
- 6.2.3 区域产业政策与规划 ... 121
- 6.3 氢安全 ... 122
  - 6.3.1 氢气泄漏与扩散 ... 122
  - 6.3.2 氢燃烧与爆炸 ... 123
  - 6.3.3 氢脆 ... 123
  - 6.3.4 氢气制取、储存、运输的安全性 ... 124
  - 6.3.5 氢燃料电池汽车用氢安全 ... 124
- 6.4 氢标准与检测 ... 127
  - 6.4.1 国家标准 ... 127
  - 6.4.2 行业标准 ... 128
  - 6.4.3 地方标准 ... 128
  - 6.4.4 团体标准 ... 128
  - 6.4.5 氢能检测 ... 129
- 6.5 氢能与绿色金融 ... 130
  - 6.5.1 氢能具有正外部性 ... 130
  - 6.5.2 氢能与绿色金融标准 ... 131
  - 6.5.3 氢能与绿色信贷 ... 131
  - 6.5.4 氢能与绿色基金 ... 132
  - 6.5.5 氢能与资本市场 ... 132
  - 6.5.6 氢能与碳市场 ... 133
- 6.6 共建氢能社会 ... 133
  - 6.6.1 氢能进入未来社区生活 ... 133
  - 6.6.2 氢能刻画低碳经济图景 ... 135
  - 6.6.3 可持续发展的氢能社会 ... 136
- 思考题 ... 136

参考文献 ... 138

第 1 章　氢能概论

氢能是氢元素在物理与化学变化过程中释放的能量，是一种清洁、高效、安全、可持续获取的二次能源。氢能是可再生能源的良好载体，可以有效促进可再生能源的消纳，增加可再生能源的消费总量，促进我国能源结构从以传统化石能源为主转向以可再生能源为主，实现绿色低碳发展。

氢能的产业链条长，上游的氢生产与供应、中游的燃料电池及其核心零部件产销、下游的燃料电池应用等环节共同构成氢能制、储、运、加、用全产业链。其中，制氢环节主要包括化石能源制氢、化工原料制氢、副产氢提纯以及水电解制氢；储运环节包含储氢和运氢，储氢主要有高压气态储氢、液态储氢（低温液态/有机液体）、固态储氢等方式，不同的储氢方式配合高压长管拖车、管道输氢、液氢槽车等实现运输；用氢环节主要指氢能在交通、工业、发电、储能多场景的应用。在"碳达峰""碳中和"的国家目标下，绿氢可以作为清洁无碳的燃料和原料，替代高碳排放的传统化石能源，助力各行业的深度脱碳，推动我国"双碳"目标的实现，并促进整个经济社会向低碳化转型。

1.1　氢能的特点

氢（Hydrogen）是一种化学元素，元素符号为 H，原子序数为 1，其相对原子质量为 1.00794u，是最轻的元素，也是宇宙中最丰富的元素，大约占重子总质量的 75%。常温常压下，氢通常的单质形态是氢气（H_2），无色透明、无味无臭，是一种双原子分子气体，也是密度最小的气体。在超低温（-253℃）、高压条件下，氢气液化为无色无味透明的液体，称为液氢；温度低至-259.1℃时，凝固为白色雪花状的固体，称为固氢。氢的物性参数见表 1-1。

表 1-1　氢的物性参数

项目	参数	对比
密度（气态）	0.089kg/m³（环境温度0℃，压强0.1MPa）	天然气的1/10
密度（液态）	70.79kg/m³（环境温度-253℃，压强0.1MPa）	液化天然气（LNG）的1/6
沸点	-252.76℃（环境压强0.1MPa）	比LNG低90℃
质量能量密度（低热值）	120.1MJ/kg	汽油的3倍
体积能量密度（常压，低热值）	0.01MJ/L	天然气的1/3
相对能量密度（液态，低热值）	8.5MJ/L	LNG的1/3
火焰速度	346cm/s	甲烷的8倍
爆炸范围	4%~76%（空气中体积分数）	比甲烷宽6倍
自点火温度	585℃	比汽油（220℃）高365℃
点火能量	0.02MJ	甲烷的1/10

氢能是氢的化学能，在氢和氧发生化学反应的过程中，氢能转化成其他形式的能量，如热能和电能等。氢和氧发生的化学反应主要有氢燃烧反应和氢燃料电池反应两种，见式（1-1）和式（1-2）。

氢燃烧反应：

$$2H_2(氢能)\uparrow +O_2\uparrow =2H_2O+热能 \quad (1-1)$$

氢燃料电池反应：

$$2H_2(氢能)\uparrow +O_2\uparrow =2H_2O+电能 \quad (1-2)$$

氢无论是在燃烧反应还是在燃料电池反应中，在反应物为纯氧的情况下，只生成水和能量，不会产生二氧化碳、一氧化碳、二氧化硫、烟尘等温室气体和污染物，是一种清洁的二次能源，被认为是可再生能源的理想载体。此外，氢还具有能量密度高、转化效率高、来源丰富、可储存运输、可储能、应用场景丰富多样和易燃易爆易感知的特点。

1. 能量密度高

除核燃料外，氢的热值（142.35kJ/g）是所有化石燃料、化工燃料和生物燃料中最高的，是焦炭、汽油等传统化石燃料热值的3~4倍，能量密度非常高。氢气、煤、汽油、天然气燃料的热值对比见表1-2。

表 1-2　氢气、煤、汽油、天然气燃料的热值对比

燃料	主要成分	化学反应	热值/(kJ/g)
氢气	H_2	$2H_2+O_2=2H_2O$	142.35
煤	C	$C+O_2=CO_2$	33
汽油	C_8H_{18}	$2C_8H_{18}+25O_2 \rightarrow 16CO_2+18H_2O$	48
天然气	CH_4	$CH_4+2O_2 \rightarrow CO_2+2H_2O$	56

2. 转化效率高

氢燃料电池发电不受卡诺定理限制，它直接将化学能转换为电能，不经过热机转换过程。因此，燃料电池具有比传统的热机循环发电机更高效的电能转换技术。燃料电池发电效率为 40%~60%，若将燃料电池的热能回收再利用，可实现 90% 以上的综合转化效率。

3. 来源丰富

氢可从水、化石能源等多种含氢元素的物质中制取。例如可通过煤炭、石油、天然气/页岩气等化石能源重整制取，焦炉煤气（Coke Oven Gas，COG）、氯碱化工、丙烷脱氢（Propane Dehydrogenation，PDH）等工业副产氢提纯制取，甲醇、氨等化工原料分解制取，水电解制取，生物质气化制取等。

4. 可储存运输

相比另一种能源载体电力，氢形态多样，可以以气态、液态、固态的形式，通过不同的储存技术和运输方式，将氢气储存并运输到有需求的地区；在需要使用时，可通过燃烧反应或燃料电池反应，分别将氢能转化为热量或直接转化为电能。

5. 可储能

氢能可以作为可再生能源的储能方式。由于可再生能源具有随机性、间歇性、波动性等特点，在负荷波动剧烈时无法正常使用，导致部分可再生能源电力入网困难，出现弃风、弃光等现象。通过水电解反应，可将富余的可再生能源电能转化为氢能（以氢气的形式存在）。这部分氢能可以运输到有需求的地方，也可以作为一种储能方式，待到用电高峰时期，利用氢燃料电池反应将氢能再次转化为电能，回送电量到电网上。涉及的过程反应式见式（1-3）和式（1-4）。

水电解反应：
$$2H_2O+电能 = 2H_2(氢能)\uparrow +O_2\uparrow \quad (1-3)$$

氢燃料电池反应：
$$2H_2(氢能)\uparrow +O_2\uparrow = 2H_2O+电能 \quad (1-4)$$

6. 应用场景丰富多样

氢具有丰富的应用场景，是重要的工业原料和能源燃料，常用于交通运输、工业、发电、储能等领域。作为工业原料，可作为还原剂用于钢铁工业；作为能源燃料，既可通过燃

烧产生热能驱动火箭，也可掺入天然气管网作为居民燃气，还能用于分布式发电和作为燃料电池汽车的燃料。

7. 易燃易爆易感知

氢气具有易燃易爆特性，其燃点低、爆炸极限范围宽，与空气混合的氢气体积浓度达到爆炸极限范围（体积百分比 4%～76%），遇火源即可爆炸。此外，氢气具有无色无味的特征，只能用仪器检测泄漏情况，没有检测仪器的地方难以发现氢气的泄漏，具有较大的安全隐患。但相比传统化石能源产品，氢气的扩散系数大，在开放的空间中，发生泄漏后极易消散，不容易形成可爆炸混合气，并不像汽油蒸气挥发后滞留在空气中不易疏散，因此氢能相对安全可控。氢气、汽油蒸气、天然气的燃烧、爆炸技术指标参数见表 1-3。

表 1-3 氢气、汽油蒸气、天然气的燃烧、爆炸技术指标参数

技术指标	氢气	汽油蒸气	天然气
爆炸极限（体积百分比）	4%～76%	1.4%～7.6%	5.3%～15%
燃烧点能量/MJ	0.02	0.2	0.29
扩散系数/(m²/s)	6.11×10^{-5}	0.55×10^{-5}	1.61×10^{-5}

1.2 氢能的综合开发与利用

氢能的全产业链长，中间存在的任何薄弱环节都可能影响其发展进程，因此需要统筹整个产业链及其细分产业链的发展，综合考虑技术路线的选择，持续推进各产品、技术的创新突破，不断实现共性技术、关键材料和核心零部件的产业化、国产化、自主化，这样才能实现氢能的综合开发与利用，加快整个产业链的发展进程。

1.2.1 全产业链统筹发展

氢能产业链包括上游的制氢、储运、加注环节，中游的燃料电池及其核心零部件产销环节，以及下游的应用环节，涵盖了氢能供给端及燃料电池的应用端。目前，我国在氢能产业链的许多环节已经实现自主化生产。在制氢环节，例如大型煤制氢装置、天然气制氢装置，以及碱性水电解装置等，技术成熟、成本低廉的产品已实现规模化生产甚至远销国外市场。此外，我国的氢气产量居全球第一，应用煤制氢技术实现了低价制氢。在储运和加注环节，近年来加氢站迎来建设高峰期，带动了长管拖车、储氢瓶等储运配套设施的发展。在燃料电池及其核心零部件方面，大功率电堆、电池系统集成等技术推陈出新。在应用环节，政府对氢燃料电池汽车的鼓励政策密集推出，促使氢燃料电池系统和整车实现产业化生产。综合来看，在氢能及燃料电池领域，我国已经初步形成从基础研究、应用研究到示范推广乃至面向市场化的全方位格局，布局了较为完整的氢能产业链。

但从另一方面来看，我国氢能产业还存在诸多不足，对于一些重要技术、关键材料和核心零部件，例如制氢环节的质子交换膜（PEM）电解槽/固体氧化物电解槽（SOEC），储运环节的车载储氢瓶（非金属内胆碳纤维全缠绕气瓶（Ⅳ型）），加注环节的站用压缩机、加氢枪，应用环节氢燃料电池的催化剂、质子交换膜、膜电极、空气压缩机、氢气循环泵，与国际先进水平相比还存在差距。

此外，我国氢能产业发展还存在"大而不全"的问题，虽然产值产量规模较大，但许多关键技术和产品依靠国外进口，产业链环节有所缺失。2020年9月，国家发展改革委等五部门联合下发《关于开展燃料电池汽车示范应用的通知》，主要针对燃料电池系统的八大关键材料和核心零部件以及整车推广等方向，采取"以奖代补"方式对示范城市给予奖励。2022年3月国家发展改革委和国家能源局联合发布的《氢能产业发展中长期规划（2021—2035年）》中也提出"加快突破氢能核心技术和关键材料瓶颈，加速产业升级壮大，实现产业链良性循环和创新发展"。这体现出我国在国家层面壮大氢能产业链，突破产业链薄弱环节，统筹产业链全面发展的决心。

1.2.2　技术路线综合选择

氢能产业不同的环节有多种技术路线可供选择，比如制氢环节，有化石能源制氢、副产氢提纯、化工原料制氢、水电解制氢等技术路线；在储存环节，有高压气态氢储存、低温液态氢储存、有机液体储存、固态氢储存等技术路线；在运输环节，有长管拖车运输、管道运输、液氢槽车运输、液氢船运输等技术路线；在加注环节，有35MPa加氢站和70MPa加氢站等技术路线；在应用环节，可应用于交通、工业、发电、储能等领域。

在制备环节，当前全球氢气年总产量预估约7500万t，2021年我国氢气产量超过3300万t，位居全球第一，但生产主要依赖化石能源制氢，应用场景以工业原料为主，清洁能源制氢和氢能的能源化利用的规模和比例相对较小。无论是国内还是国外，制氢均以化石能源为主，但有所不同的是，国外以天然气制氢为主，而国内以煤制氢为主，这主要是由能源资源禀赋不同决定的。根据《bp世界能源统计年鉴》（2021年版）公开数据显示，我国的煤炭资源相当丰富，2020年全球煤炭产量排名前十位的国家分别为：中国、印度尼西亚、印度、澳大利亚、美国、俄罗斯、南非、哈萨克斯坦、波兰和哥伦比亚，我国煤炭产量全球第一并占总产量的50.7%，是个名副其实的煤炭大国。在天然气方面，2021年，我国天然气产量为2076亿m^3，表观消费量为3726亿m^3，进口量为1680亿m^3，进口量占表观消费量的45%左右，对外依存度较大。这两种重要制氢原料产量的悬殊，影响了我国制氢路线的选择。此外，我国的副产氢资源也相当丰富，是当前制氢的重要来源之一。未来随着碳达峰、碳中和目标的推进，低碳制氢，如可再生能源水电解制氢、附加碳捕集与封存技术（CCS）的煤制氢/天然气制氢、副产氢提纯等将有望成为制氢主要路线。

在储运环节，由于我国氢能产业目前主要以示范推广为主，尚未形成商业化大规模应用场景，而且许多加氢站建设在制氢场覆盖范围，氢气储运主要以小规模、短距离为主。对高压气态长管拖车、固态氢和有机氢运输、液氢槽车、管道四类储运方式进行比较，短距离、小规模的运输以高压长管拖车为主要方式，运氢成本随着里程的不同变化较大，20MPa 长管拖车的运氢成本大约在每千克 5~20 元/100km；具体而言，在 250km 内，长管拖车运输费用低于液氢槽车，超过 250km 后液氢槽车更具经济优势。固态氢和有机氢在 400km 以内的中长距离、大规模储运中具有一定优势。管道运输受到基础设施投入大的限制，目前主要应用于氢化学工业，以欧洲大型管道供应量为例，规模大多在 560t/h 以上。

在加注环节，目前国内加氢站大多为 35MPa 高压供氢加氢站，相比 70MPa 高压供氢加氢站，功耗和利用率明显降低，且难以满足长距离、高载重的运输需求。随着 70MPa 稳定加注等技术难点的突破，70MPa 高压供氢加氢站成为未来发展方向。

在应用环节，氢能应用有了较大提升。如在交通领域，目前商用车辆是我国燃料电池汽车的主要类型，产品种类主要包括客车、货车（物流车）、重型货车、特种车辆等。究其原因，一是在商用车辆领域，纯电动和插电式技术在续驶里程、充电时长等方面弊端突出，给燃料电池汽车发展提供了一定的空间；二是氢燃料电池汽车适用于运营线路固定的应用场景，如公交、物流、矿区、港口码头等场景的运输，定点定线运行的商用车辆更为容易解决氢能加注问题；三是公交等公共交通服务领域配套的加氢站便于安全监控，从而保障运营安全。因此，从中短期来看，在交通领域，我国的氢燃料电池汽车仍然会以商用车辆为主，待到基础设施进一步完善、技术大幅提升、安全标准落定后，再逐渐向乘用车领域延伸。

当前我国氢能产业的技术路线可归纳为：短期看，制氢以煤制氢为主，辅以工业副产氢提纯等方式；储运以高压气态储氢搭配长管拖车为主；加注以 35MPa 高压供氢加氢站为主。中长期来看，制氢将以低碳制氢为主，可再生能源水电解制氢辅以附加 CCS 的煤制氢/天然气制氢/副产氢提纯等；大规模、长距离储运有望转向以液氢槽车和管道输氢为主，小规模、短距离储运仍以高压气态氢加长管拖车为主；加注方面，70MPa 高压供氢加氢站和液氢加氢站数量将大幅增加，和 35MPa 高压供氢加氢站共同形成覆盖面广、带动效益强的加氢网络。

1.3 氢能对实现"双碳"目标的作用与价值

2020 年 9 月，我国在第七十五届联合国大会一般性辩论上宣布"中国将提高国家自主贡献力度，采取更加有力的政策和措施，二氧化碳排放力争于 2030 年前达到峰值，努力争取 2060 年前实现碳中和"。2021 年全国两会上，碳达峰、碳中和被首次写入政府工作报告。2021 年 11 月，在格拉斯哥气候变化大会前，我国正式将其纳入新的国家自主贡献方案并提交联合国。实现碳达峰、碳中和目标是我国的重大决策，事关中华民族永续发展和人类命运共同体的构建。在党的二十大会议上，又明确提出：积极稳妥推进碳达峰碳中和，立足我国能源资源禀赋，坚持先立后破，有计划分步骤实施碳达峰行动，深入推进能源革命，加强煤炭清洁高效利用，加快规划建设新型能源体系，积极参与应对气候变化全球治理。

全世界越来越多的国家正在将"碳中和"视为国家战略，当前全球已有 110 多个国家以不同方式相继承诺"碳中和"目标。约瑟夫·拜登在 2019 年美国总统竞选活动中承诺将推动美国于 2050 年实现碳中和；英国、法国、丹麦、新西兰、匈牙利等国家通过立法承诺 2050 年实现碳中和；日本、韩国、加拿大、南非等国家通过政策宣示 2050 年实现碳中和；奥地利、冰岛等国家通过政策宣示 2045 年实现碳中和。

碳中和不仅是某个国家或地区的发展需求，而且已逐渐成为全球的发展共识。近年来，在推进碳达峰、碳中和目标过程中，为降低碳排放总量，各国纷纷推进以可再生能源替代化石能源的能源转型革命，在这场全球范围的能源大变革之中，作为可再生能源的良好载体，氢能被认为是实现能源转型革命和碳中和目标的重要能源之一。2022 年 3 月，我国首个氢能产业中长期规划《氢能产业发展中长期规划（2021—2035 年）》中明确了"氢能是用能终端实现绿色低碳转型的重要载体"的战略定位，更肯定了氢能对推动碳中和目标实现的重要作用与价值。

1.3.1 氢能与可再生能源协同发展

我国是一个化石能源资源并不均衡的国家，资源禀赋存在着"富煤、贫油、少气"的特点。在我国近年的能源消费中，传统化石能源占能源消费总量的八成以上（图 1-1），而石油和天然气的对外依存度分别超过了 70% 和 40%（图 1-2），这对我国的环保事业和能源安全带来了巨大的挑战。在此背景下，亟须改变我国以煤炭、石油、天然气等化石能源为主的能源结构，转向以可再生能源为主，实现氢能与可再生能源的协同发展。

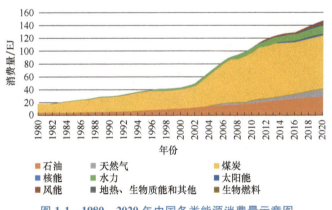

图 1-1 1980—2020 年中国各类能源消费量示意图

根据国家能源局统计数据，近年来我国可再生能源发电量稳步增长，2021 年我国可再生能源发电累计装机容量突破 10 亿 kW，占全部电力装机的 44.8%。其中，水电、风电、光伏发电和生物质发电装机容量均稳居世界第一，全国可再生能源发电量达 2.48 万亿 kW·h，

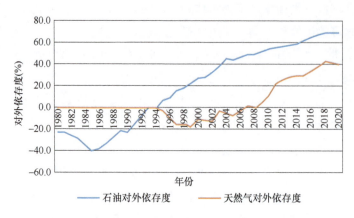

图 1-2　1980—2020 年中国石油、天然气对外依存度

（资料来源：BP 公司）

占全社会用电量的 29.8%，占全年能源消费总量（52.4 亿 t 标准煤）的 14.2% 左右。根据我国《2030 年前碳达峰行动方案》，到 2030 年，我国非化石能源消费比重需达到 25% 左右。因此，未来仍需要大幅提升水电、风电、光伏发电等可再生能源发电装机量及发电量。

零排放对能源提出新要求，可再生能源在我国发展已历经多年，风光资源储量丰富，但主要集中在经济发展程度较低的西北地区，当地很难完全消纳其可再生能源电力，导致弃风、弃光等现象严重。此外，与传统化石能源发电相比，可再生能源发电具有较强的不确定性以及间歇性、波动性和随机性等缺点，难以为电网侧和用户侧提供持续稳定的电力供应。

基于可再生能源的上述特性，氢能可以作为其载体发挥以下作用：一是提高可再生能源的利用率，当处于用电低谷时，通过水电解制氢将富余的电能以氢能的形式储存起来，当处于用电高峰时，通过氢燃料电池将氢能转化为电能并送回电网；二是可以提高可再生能源发电量，制氢装置功率运行范围宽、启停速度较快，与可再生能源的快速波动特性非常匹配，当风能、太阳能出现时，可以快速启动制氢装置进行制氢，储存能源。此外，通过氢能可以将分布式可再生能源电站的电力转化、储存并运输到需求端；三是减少燃油等传统交通燃料的使用，借助氢燃料电池，氢能可以作为燃料应用于氢燃料电池汽车，减少汽油、柴油和天然气的使用，减少碳排放。氢能与可再生能源协同发展可以实现真正的零排放与碳中和。

可再生能源制氢，使得氢气成为真正意义上的清洁能源，即生产环节和使用环节均为零碳排放，摆脱了传统化石能源制氢对环境的影响，为氢能的制取开辟了更清洁、更环保的新途径，推进了清洁能源替代进程，为氢能经济的到来奠定了环保绿色的技术基础。同时整合各类能源发展，将提升能源系统的资源利用率，为构建多种能源互补集成系统夯实基础环节，显著提高社会、资源、经济、环境等方面的综合效益。

1.3.2 氢电耦合能源网络

电力和氢能是一次能源的两类主要载体。其中，电力的技术成熟、应用广泛，具有清洁、高效、便利等诸多优点，但也存在无法直接储存的缺点，容易造成用电高峰期电力短缺、用电低谷期电力过剩的问题；氢能可以直接储存，但存在成本高、整体效率较低等缺点。在研究探索中，人们发现氢能可以在制、用等环节与电力系统产生良好的耦合关系，共同形成一个互联互通的新型能源网络，由此解决用能难题。

作为一类灵活高效的二次能源，氢能在能源消费侧可以利用水电解槽和燃料电池，通过电-氢转换实现电力、供热、燃料等多种综合能源网络的互联互补和协同优化，可应用于源、网、荷各环节。

在电源侧，新能源电力通过就地制氢或电网谷电制氢等方式，将促进新能源的消纳利用，平缓新能源发电系统波动，提升新能源并网友好性。此外，氢储能具有储能容量大、储存时间长、清洁无污染等优点，适用于大规模、长周期调节的储能场景，可以实现电能跨季节规模化储能。

在电网侧，在大规模新能源汇集、负荷密集接入、调峰调频困难等关键电网节点，合理布局氢储能电站，利用先进的水电解制氢装备具有的宽功率波动适应性优势，可实现输入功率秒级、毫秒级响应，同时发挥调峰、调频、调压、爬坡等作用，提高电力系统安全性、可靠性、灵活性。

在负荷侧，氢能热电联产（CHP）、分布式电制氢加氢站等可参与电网辅助服务，同时支撑分布式供能系统建设，利用电解槽和燃料电池实现电力、供热、燃料等多种能源网络的互联互补和协同优化，推动综合能源服务发展，提升终端能源效率和综合供能可靠性。

1.3.3 氢能与节能减排

利用可再生能源水电解制氢，可以减少交通运输、电力、工业等领域的传统化石能源使用，以此降低污染物排放，对实现各国的气候目标都有着重要意义。

在电力领域，根据全国新能源消纳监测预警中心的统计数据，2020 年，我国全年弃风电量 166.1 亿 kW·h，弃光电量 52.6 亿 kW·h，共计 218.7 亿 kW·h。利用弃风弃光制氢，测算可制备约 39 万 t 氢气，可供约 107 万辆氢燃料电池出租车运行 1 年。在偏远地区，通过分布式发电以及水电解制氢，可以将难以上网的电力以氢能的形式储存起来，运输到有氢气需求的地区。在工业方面，世界钢铁协会统计数据显示，全球平均每生产 1t 钢会排放 1.8t CO_2，使用氢代替煤炭和煤粉进行钢铁冶炼，可实现全过程零碳排放，可大幅降低冶金行业的碳排放。在交通运输方面，根据《中国汽车低碳行动计划研究报告（2021）》，汽油乘用车燃料周期碳排放强度为 184g CO_2/km，按照 60 万 km（强制报废里程）来计算，意味着氢燃料电池汽车每取代一辆汽油乘用车，在其燃料排放周期内将减少 110.4t CO_2 排放。以氢作为清洁低碳的燃料和原料，替代交通运输、发电和工业等应用场景的传统化石能源使用，将推进实现碳中和目标的进程。

据 Our World in Data 统计，2019 年，全球排放 CO_2 约 370.8 亿 t。其中，电力和热力生产行业 CO_2 排放量约为 140 亿 t，占比约 42%；工业和交通运输业 CO_2 排放量分别为 61.6 亿 t 和 82.6 亿 t，占比分别为 18.4% 和 24.6%。同年，我国 CO_2 排放量达到 102 亿 t，占全球排放量的 27.9%。其中，电力和热力生产行业 CO_2 排放量占比约 51.4%；工业和交通运输业 CO_2 排放量占比分别为 27.9% 和 9.7%；电力和热力生产行业、工业和交通运输业均位居全球和中国碳排放的前三位。根据国际氢能委员会发布的《氢能源未来发展趋势调研报告》，预计在 2050 年之前，通过更大规模的普及，氢能源将占总能源消耗量的大约 20%，可使当年 CO_2 排放量较现在减少约 60 亿 t，能够承担将全球变暖控制在 2℃ 以内所需 CO_2 减排量中的约 20%。其中，氢能主要在交通、工业、建筑等领域起脱碳减排作用。全球 2030 年氢能规模、用氢量和 2050 年氢能规模、减碳排放量预测情况见表 1-4。

表 1-4　全球 2030 年氢能规模、用氢量和 2050 年氢能规模、减碳排放量预测

行业	2030 年		2050 年	
	规模	用氢量/（万 t/年）	规模	CO_2 减排量/（亿 t/年）
交通运输	1000 万~1500 万辆燃料电池电动汽车（FCEV）	400	4 亿辆乘用车、500 万辆货车、1500 万辆公交车、20% 的列车	32
工业能源	10% 的欧、美、日钢铁和化工厂	400	12% 工业能源	10
工业原料	炼钢、甲醇及其衍生物生产	260	10% 炼钢、30% 甲醇及其衍生物、100% 现有化工和精炼工业脱碳	9.9
建筑供电供热	650 万户家庭使用混合或者纯氢	350	8% 建筑能源	7

资料来源：国际氢能委员会发布的《氢能源未来发展趋势调研报告》。

1.4　氢能全产业链图谱

氢能产业链长且复杂，上游、中游、下游等环节涉及的行业也非常广泛，如图 1-3 所示。其中，上游产业包括氢气的生产与供应，涉及氢气制取、氢气储运以及加氢站建造与运营；中游产业包括燃料电池及核心零部件产销，涉及燃料电池堆、关键材料和核心零部件、

燃料电池系统配件与集成；下游产业包括燃料电池应用，主要涉及交通、工业、发电、储能等场景应用。目前我国已初步形成较为完整的氢能全产业链，多项技术和产品实现自主研发和生产，国产化水平显著提高。

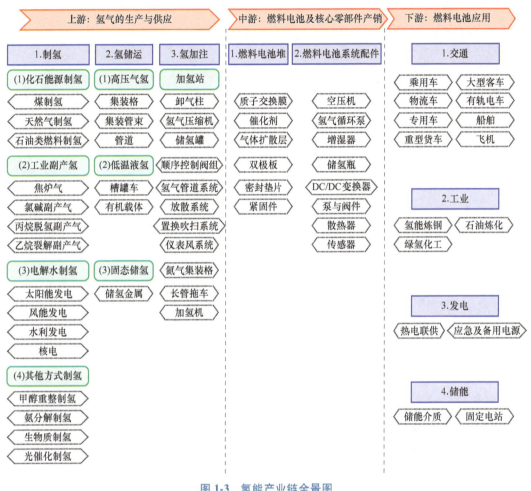

图 1-3 氢能产业链全景图

1.5 国内外氢能产业发展现状

当前，已有越来越多的国家和地区将氢能作为国家发展战略，发布氢能发展计划，中国、美国、欧盟、日本、韩国等主要经济体也相继把氢能作为未来能源转型、实现"碳中和"目标的重要突破口。许多具有国际影响力的企业也陆续宣布或建设运营多个重大氢能项目，布局引领全球氢能产业的发展。在政府、行业以及企业等多方努力之下，氢能产业在各经济体乃至全球取得迅猛发展。

1.5.1 全球主要经济体发布氢能战略

当前全球已经有近 30 个国家和地区发布了氢能发展战略及各项促进政策，以美国、欧盟、日本和韩国为典型代表，主要以氢气产量、氢燃料电池汽车和加氢站发展规模、降本、碳减排目标等作为发展路线的重要指标。

美国是最早将氢能及燃料电池列入能源战略的国家之一，多年来始终将氢能作为重要能源战略储备技术，持续支持氢能全产业链的技术研发以及示范项目的部署。2019 年 11 月，美国燃料电池和氢能协会（FCHEA）发布了《美国氢能经济路线图》，根据该路线图，2025 年，美国燃料电池汽车运营数量将达到 20 万辆，叉车达到 12.5 万辆，建设加氢站 1180 座，氢气需求达到 1300 万 t；2030 年，美国燃料电池汽车数量将达到 530 万辆，建设加氢站 7100 座，实现氢能大规模应用。2021 年 6 月，美国能源部（DOE）启动了"氢能源地球计划"，提出 10 年内将绿色氢能的成本降低 80%，至 1 美元/kg，增加 5 倍绿氢产量，并宣布拨款 5250 万美元资助 31 个氢能相关项目。2022 年 2 月，美国能源部的化石能源和碳管理办公室又公布了 2800 万美元的联邦资金，推动绿氢作为一种无碳燃料用于交通、工业和电力生产。

欧洲燃料电池与氢能联合组织（FCH JU）在 2019 年 2 月发布了《欧洲氢能路线图：欧洲能源转型的可持续发展路径》，提出了面向 2030 年和 2050 年的氢能发展路线图，目标为到 2030 年，氢能产业为欧洲创造约 1300 亿欧元产值，氢燃料电池乘用车达到 370 万辆，氢燃料电池轻型商用车辆 50 万辆，氢燃料电池货车和公共汽车 4.5 万辆，燃料电池列车替换柴油列车 570 辆；到 2050 年，氢能产值达到 8200 亿欧元，届时将减少欧盟约 5.6 亿 t 碳排放。2020 年 7 月，欧盟发布《欧盟氢能战略》，计划到 2030 年拥有 40GW 氢气生产能力，到 2050 年将氢能在能源结构中的占比提高到 12%~14%。

日本是家用热电联产燃料电池系统商业化最成功的国家之一。1981 年，日本新能源产业技术综合开发机构（NEDO）开始进行燃料电池研究，目前其氢能及燃料电池技术研发与应用均处于世界领先水平，家庭用燃料电池系统商业化程度较高，已经开始了规模化推广。2019 年 3 月，日本发布了新版《氢/燃料电池战略路线图》，计划到 2030 年，氢燃料电池乘用车达到 80 万辆，燃料电池客车 1200 辆，叉车 1 万辆，全面实现商业化氢燃料发电。2021 年 10 月，日本政府发布《第六次能源基本计划》，首次提出发展氨能，其中提出到 2030 年，利用氢和氨所生产出的电能将占日本能源消耗的 1%。

韩国的国家氢能与燃料电池研发组织和氢能经济促进委员会在 2019 年 1 月发布《氢能经济路线图》，计划到 2030 年，氢燃料电池汽车达到 180 万辆，计划在今后 15 年内逐步把使用传统内燃机的公共汽车、货车和建筑机械全部改成使用氢燃料电池。2021 年 12 月，韩国产业通商资源部主持召开第二次氢气和氨气发电推进会议，宣布韩国政府将 2022 年作为氢气和氨气发电元年，并制定了发展计划和路线图，力求打造全球第一大氢气和氨气发电国；会议宣布，将投入400亿韩元用于有关设备基础设施建设，并于2023年前制定"氢气和氨气发电指南"，推广有关技术在LNG发电站使用。

我国氢能发展相对较晚，2022年3月发布了《氢能产业发展中长期规划（2021—2035年）》，确认了氢能的能源属性，并提出到2025年"燃料电池车辆保有量约5万辆，部署建设一批加氢站。可再生能源制氢量达到10万~20万t/年，成为新增氢能消费的重要组成部分，实现二氧化碳减排100万~200万t/年"的目标。此外，该规划也确立了我国制氢路线将是副产氢提纯和可再生能源制氢，应用将重点面向交通、储能、发电、工业等领域。我国选择在经济基础和工业基础良好的地区开展氢燃料电池汽车示范，北京、上海、广东、河南、河北等地区分别入选第一批、第二批氢燃料电池汽车示范城市群，并且有30多个省市出台了本地区的氢能发展规划，如：《山东省氢能产业中长期发展规划（2020—2030年）》《成都市氢能产业发展规划（2019—2023年）》《广州市氢能产业发展规划（2019—2030年）》《佛山市南海区氢能产业发展规划（2020—2035年）》等。示范城市群的启动以及地方氢能产业发展规划的出台，将为我国氢能产业发展带来巨大的驱动力。

1.5.2　国际氢能产业化进程

目前美国、日本、韩国和欧盟等主要发达国家或地区在氢燃料电池汽车上已取得一定的技术优势，氢能产业化进程良好，商业化应用也初见成效，在核心技术、推广应用方面均取得不错的成效。

1. 核心技术基本成熟

国际上，氢燃料电池汽车产业链关键核心技术基本成熟，美国、日本、德国等国家已掌握70MPa氢气压缩、储存、加注及关键零部件制造等先进技术，且已拥有了液氢的大规模制备、储运、加注技术，全球超过1/3的加氢站为液氢站。特别是日本，在碳纤维方面有着世界领先的技术，可以利用碳纤维缠绕技术大幅提高气瓶的耐压性能。以丰田、本田、现代、通用、戴姆勒等为代表的整车企业，已经掌握基础材料、电堆、核心材料和关键零部件、燃料电池系统及整车集成等领域的核心技术。目前，丰田、本田和现代已实现氢燃料电池乘用车车型量产，标致雪铁龙集团、宝马、奥迪计划未来3~5年推出量产车型，戴姆勒和沃尔沃、丰田和日野结成联盟共同开发燃料电池重型货车，肯沃斯、尼古拉、Hyzon Motors等加快燃料电池重型货车战略布局。

2. 氢燃料电池汽车推广初显成效

2021年，全球燃料电池汽车推广约1.6万辆，累计推广数量约5万辆，其中，我国累计推广燃料电池汽车8938辆，位列世界第三，美、日、德、法、韩累计推广超过4万辆。韩国2021年燃料电池汽车销售总量为8502辆，接近我国累计推广的燃料电池汽车数量，累计18289辆位列世界第一；美国累计12272辆位列世界第二。各国燃料电池汽车销量如

图 1-4 所示。

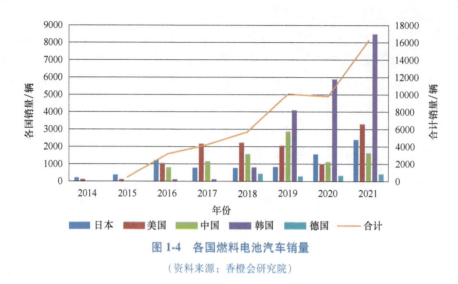

图 1-4　各国燃料电池汽车销量

(资料来源：香橙会研究院)

国内市场方面，按照中国汽车工业协会发布的数据，2021 年我国燃料电池汽车产、销量分别为 1777 辆和 1586 辆，同比分别增长 48% 和 35%。2022 年，根据北京冬奥会组委会公布的数据，北京冬奥会示范运行了超 1000 辆氢能源汽车（其中包括 816 辆氢燃料电池客车，参与交通保障服务），还配备有 30 多个加氢站，是目前全球最大的燃料电池汽车示范项目，包括来自丰田汽车、北汽集团、宇通客车、福田汽车等一众车企的氢燃料电池汽车。同时，在全部赛时保障车辆中，节能与清洁能源车辆占比达 84.9%，为历届冬奥会最高。2016—2021 年我国燃料电池汽车产量及销量如图 1-5 所示。

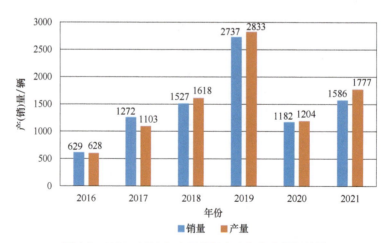

图 1-5　2016—2021 年中国燃料电池汽车产量及销量

根据我国《氢能产业发展中长期规划（2021—2035 年）》，到 2025 年，我国燃料电池汽车保有量将达到约 5 万辆。从 2021 年累计的 8938 辆到 2025 年的 5 万辆，意味着每年要推广约 1 万辆，将直接刺激氢燃料电池汽车消费市场，加速氢能产业的发展。

3. 基础设施配套尚显薄弱

截至 2022 年 1 月，全球累计建成加氢站约 700 座。其中，我国已累计建成 218 座，累计运营 178 座，美、日、德、法、韩累计运营加氢站总数为 457 座，主要国家商业化加氢站运营情况见表 1-5。我国加氢站以服务商用车辆为主，且有相当大一部分是不对外开放的内部加氢站，而国外加氢站则偏向服务于乘用车。在世界范围内，从加氢站分布区域看，主要集中于美国、欧洲和东亚，澳大利亚和中东地区也有小规模布局。从氢能交通开展国家来看，日本、法国、德国和韩国等国土面积小且能源对外依赖程度高的国家，正在全国范围内推动氢能交通；美国重点在加利福尼亚州推广规模化的氢能交通运营；我国则为中间路线，在全国范围内重点布局 5 个示范城市群开展氢能交通示范。

表 1-5 主要国家商业化加氢站运营情况

国家	累计运营数量
美国	67
中国	178
日本	154
德国	102
法国	39
韩国	95

2021 年，我国加氢站数量同比增长 84.7%，各种示范活动在全国各地火热展开，这些加氢站的建设及示范运行活动为今后的发展积累了大量的数据和经验。

从数量来看，当前国内外的加氢站数量均在快速增长。但相比氢燃料电池汽车数量的增长，加氢站的增长未达到预期。从全球的加氢站和氢燃料电池汽车数量来看，目前平均 1 个加氢站需要服务 70 辆氢燃料电池汽车，这样的比例是非常紧张的。而且从已有的数据来看，许多过去建设的加氢站，其加氢能力在 500kg/天左右，加氢能力较弱，进一步加剧了氢能基础设施的压力，未来需要将加注能力较弱的加氢站升级、改造，使之成为拥有大规模加氢能力的设施。总的来说，未来还需要进一步加速加氢站的建设，提高加氢站单站的加注能力，并完善整个加氢网络。

思 考 题

1. 氢能为什么被认为是可再生能源的良好载体？它可以解决可再生能源的什么问题？
2. 2021 年我国可再生能源发电累计装机容量突破多少？占全部电力装机的比例为多少？

全国可再生能源发电量及其占全年能源消费总量的比例为多少？2021 年我国水电、风电、光伏发电和生物质发电装机容量各多少？

3. 氢能全产业链包括哪些环节？各环节的主流路线有哪些？

4. 2021 年全球以及我国的氢燃料电池汽车累计推广量、当年推广量各是多少？2021 年全球以及我国的加氢站累计运营数量各是多少？

第 2 章 氢能的供给

根据原材料种类,目前氢的制取主要有以下几类常见的技术路线:一是以传统化石能源为原材料的制氢技术,如石油、煤炭、天然气等;二是利用工业副产氢为原材料进行提纯得到氢气的技术,如丙烷脱氢、焦炉煤气、氯碱尾气等;三是以脱盐水为原材料的水电解制氢技术,其电力可以来自光伏发电、风电、水电等可再生能源以及电网电力;此外,还有化工原料制氢(如醇类和氨类裂解制氢)以及新型的制氢技术如生物质制氢以及光解水制氢等。当前工业上制氢方式多达数十种,不同制氢技术的出现时间和发展程度都不尽相同,导致其技术成熟度和工业化程度也有所不同,主要制氢技术介绍见表2-1。

表 2-1 主要制氢技术介绍

制氢方式	主要制氢原料	主要制氢技术路线	技术成熟度
石油制氢	石脑油	石脑油制氢	技术成熟,但在工业上已很少采用
	重油	重油部分氧化法制氢	
	石油焦	石油焦制氢	
煤制氢	煤炭	煤气化制氢	技术成熟,并已实现大规模工业化生产
天然气制氢	天然气	天然气蒸汽转化制氢	技术成熟,并已实现大规模工业化生产
		天然气部分氧化法制氢	正处于开发阶段
		天然气自热重整制氢	
工业副产氢提纯	焦炉煤气副产氢	主要通过变压吸附(PSA)提纯氢气	技术成熟,并已实现大规模工业化生产
	氯碱工业副产氢		
	丙烷脱氢副产氢		
	合成氨副产氢		
甲醇制氢	甲醇	甲醇裂解制氢	技术成熟,并已实现大规模工业化生产
		甲醇蒸汽转化制氢	
		甲醇部分氧化法制氢	研发阶段

(续)

制氢方式	主要制氢原料	主要制氢技术路线	技术成熟度
水电解制氢	水、电力	碱性水电解制氢	技术成熟，正在示范应用推广和小规模商业应用推广
		质子交换膜水电解制氢	研发示范阶段
		固体氧化物水电解制氢	实验研发阶段
光催化分解水制氢	水	利用半导体光催化分解水制氢	实验研发阶段
生物质制氢	生物质	化学法制氢（气化法、热解重整法、超临界水转化法等）	实验研发阶段
		生物法制氢（光发酵、暗发酵以及光暗耦合发酵等）	

根据来源和碳排放，氢气可以归类为灰氢、蓝氢和绿氢。灰氢主要来源为化石能源制氢，具有生产成本较低、技术成熟、效率高等优点，但制备过程的碳排量较高，不属于清洁低碳制氢；其中，常见化石能源制氢主要有煤制氢和天然气制氢。蓝氢是在灰氢的基础上，通过一系列工艺处理技术，将生产过程产生的 CO_2 进行捕捉、利用和封存，降低氢气制备过程产生的 CO_2 排放量，目前主流使用碳捕集与封存（CCS）或碳捕集、利用与封存（CCUS）等技术降低制氢的碳排放量，先进的 CCS 技术和 CCUS 技术能够减少 90% 的碳排放。绿氢是指利用可再生能源电力进行水电解制氢，由于反应产物主要为氢气和氧气，其碳排放可以达到净零排放。

当前，全球制氢原料 96% 以上的来源是传统化石能源，其中最主要的来源是天然气，占比 48%，其次是煤炭，占比 30%，此外，还有 18% 来自石油，4% 左右来自水电解，如图 2-1a 所示。我国制氢原料也主要来自化石能源，其中煤制氢约占 62%，天然气制氢约占 19%，工业副产氢提纯约占 18%，水电解制氢不到 1%，如图 2-1b 所示。由于资源禀赋的原因，虽然国内外都以化石能源制氢为主，但我国以煤制氢为主，国外以天然气制氢为主。

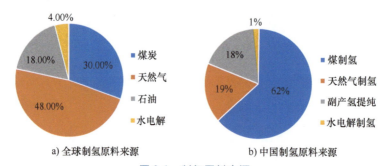

a) 全球制氢原料来源　　b) 中国制氢原料来源

图 2-1　制氢原料来源

（资料来源：全球数据出自国际再生能源总署（IRENA），中国数据出自中国煤炭工业协会）

我国的氢气虽然以化石能源制取的灰氢为主,但在 2022 年 3 月发布的《氢能产业发展中长期规划(2021—2035 年)》中,已经明确提出"初步建立以工业副产氢和可再生能源制氢就近利用为主的氢能供应体系"以及"重点发展可再生能源制氢,严格控制化石能源制氢",指明我国制氢工业发展方向将是工业副产氢提纯和可再生能源水电解制氢。可以预测,未来化石能源制氢的比例将呈现逐渐下降趋势,工业副产氢和可再生能源水电解制氢将成为制氢的主要技术路线。

2.1 化石能源制氢

化石能源制氢主要是指利用石油、煤炭、天然气三类化石燃料制备氢气,是当今技术路线最成熟、应用最广泛的制氢路线,在众多制氢技术路线中具有较好的经济性。

2.1.1 技术特点

1. 石油制氢

石油制氢通常并不是直接用石油制氢,而是用石油初步裂解后的产品,如石脑油、重油、石油焦等作为原料制氢。

(1)石脑油制氢

石脑油是蒸馏石油的产品之一,是以原油或其他原料加工生产的轻质油,又称粗汽油,一般含烷烃 55.4%、单环烷烃 30.3%、双环烷烃 2.4%。石脑油制氢主要工艺过程有石脑油脱硫转化、蒸汽转化、一氧化碳(CO)变换、变压吸附(PSA)净化分离系统提纯,提纯尾气通过蒸汽转化环节进行循环利用,最终生成高纯度氢气,如图 2-2 所示,其工艺流程与天然气制氢较为相似。PSA 技术是利用气体组分在固体吸附材料上吸附特性的差异,通过周期性的压力变化过程实现气体的分离与净化。PSA 技术是一种物理吸附法。PSA 具有能耗低、投资少、流程简单、自动化程度高、产品纯度高、无环境污染等优点。

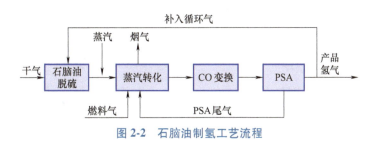

图 2-2 石脑油制氢工艺流程

(2)重油制氢

重油是原油提取汽油和柴油后的剩余重质油,其特点是分子量大、黏度高,重油中的可燃成分较多,其成分主要是烃,热值高。我国建有大型重油部分氧化法制氢装置,用于制取合成氨的原料。重油氧化制氢反应包括重油与氧气、水蒸气生成氢气和 CO、CO_2 等碳氧化物,反应在一定压力下进行。重油制氢是否采用催化剂,取决于所选原料与反应过程。与甲烷相比,重油的碳氢比值较高,因此重油部分氧化法制得的氢气主要来自水蒸气。与天然气蒸汽转化制氢相比,重油部分氧化制氢需要空分设备来制备纯氧。

典型的部分氧化反应如下:

$$C_nH_m + \frac{n}{2}O_2 \uparrow \longrightarrow nCO \uparrow + \frac{m}{2}H_2 \uparrow \qquad (2\text{-}1)$$

$$C_nH_m + nH_2O \uparrow \rightarrow nCO \uparrow + \frac{(2n+m)}{2}H_2 \uparrow \qquad (2\text{-}2)$$

$$H_2O \uparrow + CO \uparrow \rightarrow H_2 \uparrow + CO_2 \uparrow \qquad (2\text{-}3)$$

渣油、脱油沥青等重质油气化是有数十年历史的成熟生产工艺,曾广泛应用于化肥生产,现阶段仍有部分炼油厂采取该路线制氢。重质油气化路线与煤气化路线相似,主要工艺装置有空分、油气化、耐硫变换、低温甲醇洗、PSA 以及为低温甲醇洗提供冷量的制冷单元等,重油中的烃和蒸汽经过氧化得到含氢混合气,然后用低温甲醇洗去杂质、PSA 提纯得到氢气,工艺流程如图 2-3 所示。

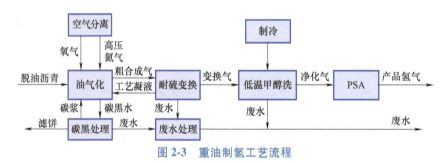

图 2-3 重油制氢工艺流程

(3)石油焦制氢

石油焦制氢与煤制氢非常相似,是在煤制氢的基础上发展起来的。由于原油重、含硫量高,所以高硫石油焦很常见。高硫石油焦制氢主要工艺装置有空分、石油焦气化、CO 变换、低温甲醇洗、PSA 等,其工艺流程如图 2-4 所示。

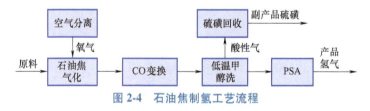

图 2-4 石油焦制氢工艺流程

与煤气化工艺一样,炼厂生产的石油焦也能作为气化制氢的原料,这是石油焦高附加值利用的重要途径之一。煤/石油焦制氢工艺还能与整体煤气化联合循环(IGCC)工艺有效结合,实现氢气、蒸汽、发电一体化生产,提升炼厂效益。

2. 煤制氢

我国的煤炭资源丰富，煤制氢技术的发展非常成熟，是目前我国最主要的制氢技术之一。构成煤炭有机质的元素主要有碳（C）、氢（H）、氧（O）、氮（N）和硫（S）等，此外，还有极少量的磷（P）、氟（F）、氯（Cl）和砷（As）等元素。其中，C、H、O元素是煤炭有机质的主体，占95%以上；煤化程度越深，C的含量越高，H和O的含量越低。目前成熟的煤制氢技术主要是煤气化技术。

煤气化制氢的技术路径是，在高温下，利用不同的气化技术将煤转化为气态，得到H_2、CO_2和CO为主要组分的气态产品，然后再经过CO变换、酸性气体（CO_2+SO_2）脱除（低温甲醇洗工艺）以及H_2提纯等处理过程获得高纯度氢气，其制氢转化效率在55%~60%之间。其核心技术主要是煤的气化技术。煤炭气化的实质是煤炭中的碳与氧气发生不完全燃烧反应以及与水蒸气发生的气化反应，其反应过程如下：

$$3H_2O\uparrow +2C\rightarrow CO\uparrow +3H_2\uparrow +CO_2\uparrow \tag{2-4}$$

$$H_2O\uparrow +CO\uparrow \rightarrow H_2\uparrow +CO_2\uparrow \tag{2-5}$$

典型煤气化制氢工艺流程如图2-5所示。

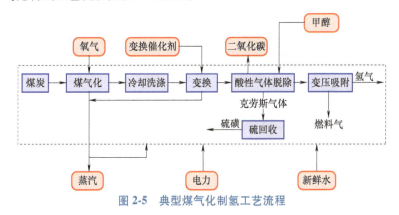

图2-5 典型煤气化制氢工艺流程

煤制氢通常是大规模制氢的主要手段，生产规模往往可达数十万标准立方米⊖每小时，一次性投资高，装置占地面积大。例如2011年开工的茂名石化油品质量升级改造工程配套的煤制氢项目，煤制氢装置总投资30亿元，包括水煤浆气化装置、合成气净化装置以及配套设施，每小时可生产出20万Nm^3、纯度为97.5%以上、4.8MPa的工业氢气。2012年8月开工的九江石化800万t/年油品质量升级改造中的煤制氢装置项目，总投资14亿元，采用通用电气（GE）能源集团的气化技术，年产氢10万t。此外，煤制氢技术具有技术成熟、原料成本低、制氢规模大等优点，但也存在设备结构复杂、运转周期相对短、配套装置多等缺点，而且气体分离成本高、CO_2排放量大。目前我国的氢气大部分来自煤制氢技术，约占制氢总量的62%（见图2-1），这主要是由于我国煤炭储量丰富、产量高、制氢成本低

⊖ 1标准立方米（符号为Nm^3）表示标准状态下气体占据$1m^3$。

等原因。

煤制氢虽然可以实现低成本大规模制氢，具有良好的经济性，但由于煤炭的碳元素含量非常高（一般大于70%），其碳排放量在所有制氢方式中最高，环保性较差。相关文献表明，煤制氢制备1kg的氢气，CO_2排放量为19.42~25.28kg，而根据国家能源集团公布的数据，利用煤制氢制备1kg的氢气，需要排放的CO_2更是高达29.02kg。随着我国对环保要求日趋严苛，以及碳排放政策的日益收紧，高碳排放逐渐成为煤制氢技术的主要发展限制，清洁化制氢、降低碳排放将成为煤制氢技术发展的重要方向。

3. 天然气制氢

天然气主要由甲烷（CH_4，体积含量大于85%）、少量乙烷（C_2H_6，体积含量约为9%）、丙烷（C_3H_8，体积含量约为3%）、氮气（N_2，体积含量约为2%）和丁烷（C_4H_{10}，体积含量约为1%）组成，因此一般说天然气制氢就是指甲烷制氢。按照工艺路线的不同，天然气制氢主要有天然气蒸汽转化制氢（有时被称为蒸汽甲烷转化，即SMR）、天然气部分氧化法（POX）和天然气自热重整（ATR）三种方式，优缺点比较见表2-2。其中，天然气蒸汽转化制氢是工业上最为成熟的天然气制氢方式，是国内外主流制氢技术之一。

表2-2 三类天然气制氢方式的优缺点比较

制氢技术	优点	缺点
天然气蒸汽转化	应用最为广泛，反应过程不需要氧气，反应温度最低，对制氢而言，有最佳的H_2/CO比例	反应过程需要大量蒸汽，能量需求高、设备投资高
天然气部分氧化法	原料直接脱碳不需要蒸汽，较低的H_2/CO比例，常用于H_2/CO需求比例小于20的场景	不适用H_2/CO需求比例大于20的场景，操作过程所需温度高，通常需要氧气
天然气自热重整	不需要高能量，比部分氧化法过程的温度低，H_2/CO比例很容易受到CH_2/CO_2比例的调整	通常需要氧气，商业应用有限

（1）天然气蒸汽转化制氢

天然气蒸汽转化是指在催化剂的存在和高温条件下，天然气（主要成分CH_4）与水蒸气发生重整反应生成以H_2、CO为主组分的合成气，该反应是强吸热反应，需要外界提供大量的热量（天然气燃烧）。为了防止催化剂中毒，原料天然气需要进行脱硫预处理使得硫的质量分数小于$1×10^{-7}$。然后经过水煤气转化反应将CO进一步转变为H_2和CO_2，接着利用变压吸附（PSA）技术依次吸附N_2、CO、CH_4、CO_2等杂质，最终获得高纯度产品氢气。天然气蒸汽转化制氢的本质是以甲烷分子中的碳原子取代水分子中的氢原子，生成氢气的过程，其反应过程如下：

$$CH_4 \uparrow + H_2O \uparrow \rightarrow CO \uparrow + 3H_2 \uparrow \qquad (2\text{-}6)$$

$$H_2O \uparrow + CO \uparrow \rightarrow H_2 \uparrow + CO_2 \uparrow \qquad (2\text{-}7)$$

其工艺流程如图2-6所示。

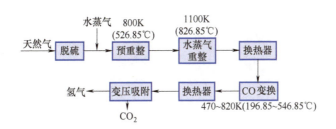

图 2-6 天然气蒸汽转化制氢工艺流程

天然气蒸汽转化制氢主要包括 4 个步骤，分别为原料预处理、天然气水蒸气重整、CO 变换和氢气提纯。其中，原料预处理主要涉及原材料的脱硫。而天然气水蒸气重整则是利用催化剂将天然气中的烷烃转化为以 CO 和 H_2 为主要成分的原料气。CO 变换则是指 CO 和水蒸气在中温或高温以及催化剂条件下，转化成 H_2 和 CO_2。对于氢气提纯，通常采用变压吸附（PSA）净化分离系统进行净化，经净化后获得的氢气纯度可以满足燃料电池车用要求。天然气蒸汽转化制氢具有装置简单、能效较高以及能量转化率高（可达 70%以上）等优点。另外，每生产 $1m^3$ 氢气，CO_2 排放量约为 1.07kg。

（2）天然气部分氧化法制氢

天然气部分氧化法是指在催化剂的作用下，由甲烷等烃类与氧气进行不完全氧化反应生成合成气（H_2、CO），反应过程为

$$CH_4\uparrow +\frac{1}{2}O_2\uparrow \rightarrow CO\uparrow +2H_2\uparrow \tag{2-8}$$

该反应过程可自热进行，不需要外界供热，热效率较高。但若用传统的空气液化分离法制取氧气，则能耗太高，近年来国外开发出用富氧空气代替纯氧的工艺，其工艺流程如图 2-7 所示。

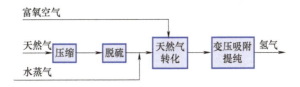

图 2-7 催化部分氧化法制氢工艺流程

天然气经过压缩、脱硫后，先与蒸汽混合预热到约 500℃，再与氧或富氧空气（也预热到约 500℃）分两股气流分别从反应器顶部进入反应器进行部分氧化反应，反应器下部出转化气，温度为 900~1000℃，氢含量为 50%~60%。

（3）天然气自热重整制氢

天然气自热重整制氢反应实际上是部分氧化法（POX）和蒸汽转化（SR）的耦合，催化剂通过调控这两个过程的反应速率来实现系统自热运行。天然气自热重整制氢的主要反应有：

$$CH_4\uparrow +2O_2\uparrow \rightarrow CO_2\uparrow +2H_2O\uparrow \qquad (2\text{-}9)$$

$$CH_4\uparrow +CO_2\uparrow \rightarrow 2CO\uparrow +2H_2\uparrow \qquad (2\text{-}10)$$

$$CH_4\uparrow +H_2O\uparrow \rightarrow CO\uparrow +3H_2\uparrow \qquad (2\text{-}11)$$

$$CO\uparrow +H_2O\uparrow \rightarrow H_2\uparrow +CO_2\uparrow \qquad (2\text{-}12)$$

以上四个反应过程分别为甲烷燃烧反应、重整反应1、重整反应2和水煤气转化反应。甲烷二氧化碳自热重整反应体系涉及诸多组分，但只要反应器设计合理、催化剂性能优良，最终化学反应达到或者接近化学平衡，其产物及组分组成就是确定的。

天然气自热重整制氢装置简单，能效较高，能量转化率可达70%以上。不足之处是原料利用率低，工艺复杂，操作条件苛刻，并且对设计制造、控制水平和操作人员的理论水平及操作技能的要求均较高。

2.1.2 成本与发展现状

1. 成本

传统化石能源制氢的生产成本主要受到其原材料如石油制品、煤炭和天然气的价格影响。由于不同地区的能源资源禀赋不同，其不同类型能源的成本也有所不同。

（1）石油制氢

对于石油制氢（实际是石油制品制氢），由于炼油厂对氢气需求的稳定性要求高，配套建设独立制氢装置优先要确保装置稳定运行，确保原料品质和数量的稳定供应，工艺技术要成熟可靠。制氢路线的选择取决于原料资源的可获得性、技术成熟度和原料经济合理性，石油制氢原料主要有轻石脑油、重油、石油焦等。但随着国内化工需求上升，石脑油和重油的资源化趋势加强，原有重油制氢装置因没有充分利用原料价值，在成本效益上越来越难以体现经济性，影响了炼油厂的经济效益，因此纷纷停产。相比之下，作为独立原料来源的煤制氢和天然气制氢具备更好的经济效益，成为目前主流的制氢技术。因此本节不再重点分析石油制氢的成本。

（2）煤制氢

煤制氢技术历史悠久，发展至今已有约100年历程，由于技术成熟稳定、生产成本较低，是目前最具经济性的制氢技术。在我国，由于煤炭产量丰富，价格低廉，而且煤制氢的制氢规模可以高达数十万标准立方米每小时，使得制氢的成本也较低，是目前所有制氢技术中最具经济效益的方式。

煤制氢的成本结构以煤、氧气、燃料动力能耗、制造成本为主，不同规模的制氢项目，其成本组成所占的比例不同。例如，在中国工程院"中国煤炭清洁高效可持续开发利用战略研究"重大咨询项目中，经过测算，在煤气化制氢工艺成本中，占比最大的是原料煤，占成本的75.3%，当原料煤价格为600元/t时，煤气化制氢工艺成本为6.09元/kg，如制备24.3t氢气，成本见表2-3；若原料煤价格从600元/t下降到500元/t，煤制氢工艺成本将下降

13%。而根据中国氢能联盟测算,对于每小时产能 54 万 Nm^3 氢气的装置,在原料煤(热值为 6000kcal/kg㊀,含碳量 80%以上)价格为 600 元/t 的情况下,制氢成本约为 8.85 元/kg。综合国内煤制氢成本数据,根据不同装置、规模和原料价格水平,在目前主流的煤炭价格下,煤制氢成本大多在 6~12 元/kg。一般情况下,制取 1kg 的氢气大约需要 8kg 的煤。

表 2-3 煤气化制氢工艺成本清单

	输入	单位	数值	单价/元	成本/元	成本比重(%)
原料	原料煤	kg	179000	0.6	107400	75.3
	氧气	Nm^3	86000	0	0	0
	盐酸	kg	40.41667	0.6	24.25	0.0
	烧碱	kg	208.3333	2.5	520.8333	0.3
辅料	变换催化剂	m^3	0.01673	200000	3345.96	2.3
	絮凝剂	kg	5.050505	20	101.0101	0.0
	甲醇	kg	110	2.3	253	0.1
	燃料气	Nm^3	4148	3	12444	8.7
	液化石油气(LPG)	kg	0.025253	3.73	0.094192	0.0
	柴油	kg	5.050505	2	10.10101	0.0
公用工程	外购电	kW·h	24779	0.725	17964.78	12.6
	新鲜水	kg	3000	0.00177	5.31	0.00
	高压锅炉给水	kg	221500	0.00177	392.055	0.27
	中压锅炉给水	kg	25300	0.00177	44.781	0.03
	低压锅炉给水	kg	49600	0.00177	87.792	0.06
总计					142593.97	100

资料来源:中国工程院"中国煤炭清洁高效可持续开发利用战略研究"重大咨询项目。

煤制氢的成本是目前所有制氢技术中最低的,但由于碳排放量过高,在未来生产中,将逐渐结合碳捕集与封存(CCS)以及碳捕集、利用与封存(CCUS)等技术,降低煤制氢过程的碳排放,同时 CCS 和 CCUS 技术会增加制氢的总成本。根据《中国碳捕集利用与封存技术发展路线图(2019)》,2019 年国内 CCS 成本约在 350~400 元/t CO_2,预计 2030 年和 2050 年分别控制在 210 元/t 和 150 元/t。按照 CCS 成本 350 元/t 来计算,假设要通过 CCS 技术减少煤制氢 90%的碳排放,那么制取 1kg 氢气将增加 6.3~10.8 元的成本(煤制氢碳排放量为 20~30kg CO_2/kg H_2)。

(3)天然气制氢

与其他制氢技术相比,天然气制氢技术也十分成熟,已实现工业化生产,是全球范围内最主要的制氢方式之一。但我国的天然气储量较少,天然气主要依靠进口,受国际气价波动

㊀ 1kcal=4.1868kJ。

影响较大，天然气价格整体较高，导致其制氢成本也比煤制氢要高，因此国内天然气制氢的经济性不如煤制氢，产量也低于煤制氢。

天然气制氢的生产成本构成主要是原料天然气、燃料天然气和制造成本。在工业生产中，利用天然气制氢工艺每生产 $1m^3$ 的氢气大约需要消耗 $0.48~m^3$ 左右的原料天然气。其生产成本构成中最大的部分是原料天然气，约占总成本的75%，其次是作为燃料的天然气成本。因此，天然气价格密切影响着天然气制氢路线的制氢成本。以目前工业用天然气为例，当价格为 2.5 元/m^3 时，天然气制氢的成本大约为 1.6 元/m^3（约 17.9 元/kg），且天然气价格每上涨 0.5 元/m^3，制氢生产成本提升约 0.24 元/m^3。在我国，受到资源禀赋影响，不同地区不同用途（分为居民用气和非居民用气）的天然气价格也不尽相同。我国的天然气相对紧缺，其价格通常高于美国、欧洲等地区，导致我国的天然气制氢成本也相对较高。同时随着近年国际天然气市场的振荡，天然气供应日趋紧张，价格也不断攀升，天然气制氢成本随之增加。

相比煤制氢，采用天然气制氢存在气源供应难以保障、天然气价格高的现实问题。但从长远来看，由于我国非常规天然气资源（页岩气、煤层气、可燃冰等）十分丰富，随着未来非常规天然气开采技术的进步、开采成本的降低，我国天然气制氢成本有望大幅下降，甚至接近煤制氢的成本。

2. 发展现状

无论是国内还是国外，大部分氢气直接来源于煤制氢、天然气制氢等化石能源的重整，当前我国氢气产量大约为 3300 万 t/a，其中，直接化石能源煤制氢产量占八成左右，这是由资源禀赋、技术发展、经济性等多种因素共同导致的，而且这些因素的影响还将在未来较长时间内持续影响着制氢技术的选择。在《中国氢能源及燃料电池产业白皮书》中，中国氢能联盟预计 2030 年氢气年均需求约 3500 万 t，到 2050 年，氢气需求量接近 6000 万 t，年经济产值超过 10 万亿元，氢能占能源体系的 10%。

面对如此庞大的市场需求潜力，可再生能源制氢路线受限于其技术成熟度以及高昂的制氢成本，短时间内还难以达到规模化生产；国内的大规模副产氢工业，地理位置分布相对分散，运输困难，难以满足大规模的用气需求。在此情况下，可以大规模发展成本低廉、技术成熟的化石能源制氢技术，其中短期内仍然将是我国大规模供氢的有力保障。特别是经济性方面，目前化石能源制氢是所有制氢路线中成本最低廉的，即使需要附加 CCS、CCUS 技术，其成本与其他制氢方式相比仍然具有较大的优势。

但从长期来看，影响制氢技术选择的因素会不断变化，例如能源供求变化、气候发展需求、技术发展等。近年来，制约化石能源制氢发展的主要有以下几类因素。

一是传统化石能源供应日渐紧缺，我国石油、天然气对外依存度高。传统化石能源属于不可再生资源，这类能源的储量是有限的，不可能无限制开采下去，未来随着化石能源资源逐渐枯竭，化石能源制氢路线将难以为继。特别是在石油、天然气供给紧缺的背景下，我国原油对外依存度已经超过70%，天然气对外依存度也已超过40%，严重影响我国的能源安全和能源独立。事实上，当前采用基于石油资源的重油制氢已经不具经济性，实际生产中也很少采用；采用天然气制氢也存在气源供应无法保障、天然气价格高的现实问题；即使是我国储量相对丰富的煤炭资源，在2021年也出现了价格大幅攀升的现象。从长远来看，这一系列的问题可能将促使我国制氢产业格局从以化石能源制氢为主转向以非化石能源制氢为主。

二是化石能源制氢伴随高碳排放，不利于各国各地区实现碳中和目标。为应对气候变化，推动以二氧化碳为主的温室气体减排已成为全球共识，多个国家制定了明确的碳中和目标，以完成巴黎协定中"将全球平均气温升幅控制在2℃之内，并努力限制在1.5℃之内"的承诺。而在化石能源制氢路线中，制取1kg的氢气，煤制氢的二氧化碳排放量往往达到20kg以上，天然气重整制备1kg氢气的二氧化碳排放量也在10kg以上，如此高的碳排放量，与实现"双碳"目标背道而驰。

三是碳税将增加制氢成本，不利于氢气的国际贸易。2022年，欧盟理事会就碳边境调整机制（CBAM）相关规则达成协议，将基于碳含量向进口商品征税，计划2023年启动实施，2026年全面执行，这将是全球首个"碳关税"。随着全球范围内对环保的重视以及各地区环保政策的收紧，一旦未来碳税开始在越来越多的地区开始实施，势必将增加化石能源制氢的成本，不利于以化石能源制氢为主的国家和地区的氢气国际贸易竞争。

2.2 水电解制氢

水电解制氢是指当施加足够大的电压时，水分子将在阴极上发生还原反应产生氢气，在阳极上发生氧化反应产生氧气。因此水电解的过程可被概括为两个半反应，即：阴极析氢反应和阳极析氧反应。通常情况下，水电解制氢需要一套完整的水电解系统。水电解系统通常由电解槽、整流系统（AC/DC）、纯化系统、控制系统、附属系统等多个部件组成，其中，电解槽是水电解系统核心部件，也是水电解反应的主要场所；整流系统是将交流电转化为直流电的系统，因为水电解需要直流电，通常需要将电网的交流电转换为直流电；纯化系统一般是水的纯化系统。

根据电解质种类不同，当前水制氢技术有碱性水电解制氢（其电解槽用AEC表示）、质子交换膜水电解制氢（其电解槽用PEMEC表示）、固体氧化物水电解制氢（其电解槽用SOEC表示）以及碱性固体阴离子交换膜水电解制氢（其电解槽用AEMEC表示）。综合来看，AEC技术虽然存在电解效率相对较低、使用腐蚀性碱性的缺点，但它的整体成本最低、操作简单，并且技术最为成熟，已经被广泛应用。相比之下，虽然PEMEC技术和SOEC技术都有电解效率高、不需添加碱液、后期运维简单的优点，但是PEMEC技术需要贵重金属合金作为催化剂，成本较高，商业化水平受限；而SOEC技术的高温工作环境限制了材料选择，尚未实现产业化。这3种水电解制氢技术特性对比详见表2-4。此外，近年还有一类新型的水电解制氢技术——AEMEC技术，因为其具有使用阴离子交换膜、工作温度低、使用非铂贵金属催化剂等优势而备受关注。

表2-4 水电解制氢技术特性对比

具体指标	碱性水电解	质子交换膜水电解	固体氧化物水电解	碱性固体阴离子交换膜水电解
电解质隔膜	20%~30% KOH，有腐蚀性	PEM（常用Nafion膜），无腐蚀性	固态氧化物（Y_2O_3/ZrO_2），无腐蚀性	氢氧根离子交换膜
电流密度/(A/cm^2)	<0.8	1~4	0.2~0.4	1~2
工作温度/℃	70~90	50~80	600~1000	40~60
电解效率（%）	60~75	74~87	85~100	60~75
能耗/($kW·h/Nm^3$)	4.5~5.5	3.8~5.0	2.6~3.6	—
优点	技术成熟，成本低，适用大规模水电解制氢	安全无污染，适用波动电源	不需要贵金属作为催化剂，安全无污染，效率高	使用非铂贵金属催化剂，适用波动电源
缺点	碱液腐蚀，维护成本高，效应时间长	需要贵重金属作为催化剂，成本高，核心技术有待突破	工作温度高，技术不成熟	交换膜技术有待突破，生产规模有待提高
操作特征	启停便利	启停便利	启停不便	—
可维护性	碱性介质腐蚀性强	无腐蚀性介质	高温环境金属氧化	—
安全性	较差	较好	较差	较好
占地面积	较大	较小	—	—
技术成熟度	技术较为成熟，已实现工业化	技术尚处于从研发走向工业化阶段，商业化水平低	实验室研发阶段，尚未实现工业化	实验室研发阶段，尚未实现工业化

2.2.1 技术特点

1. 碱性水电解制氢

碱性水电解制氢技术是以碱性水溶液（通常是KOH、NaOH作为电解质）作为电解液，阴阳电极浸没在电解液中，石棉布作为隔膜在阴阳电极之间，电解液、电极和隔膜共同构成碱性电解槽（AEC），通过隔膜将槽体分为阴、阳两室，阴阳电极置于其中。在一定的电压下，直流电从电极间通过，将水分解，隔膜传导OH^-，在阳极上产生氧气，在阴极上产生氢气，其化学反应过程如下：

阴极反应式：
$$4H_2O + 4e^- = 2H_2\uparrow + 4OH^- \tag{2-13}$$

阳极反应式：
$$4OH^- - 4e^- = 2H_2O + O_2\uparrow \tag{2-14}$$

总反应式：
$$2H_2O = 2H_2\uparrow + O_2\uparrow \tag{2-15}$$

碱性水电解的电解过程并不消耗碱液，碱液在水中只起到增加电导率的作用。碱性水电解制氢是当前最为成熟的水电解制氢技术，已有数十年的应用经验。其中，碱性电解槽是碱性水电解制氢的核心部分，电解槽内装填电解质溶液。其电解过程如图 2-8 所示。

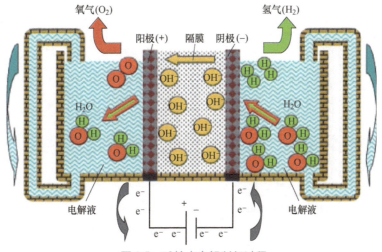

图 2-8 碱性水电解制氢过程

相比其他水电解制氢方法，碱性水电解制氢易于实现大规模制氢，关键部件如电解槽已实现国产化，装置的成本较低。缺点是能源转换效率较低，碱液存在腐蚀性，污染环境，安全性差，启动速度慢，电解槽占地面积大等。在其缺点中，值得一提的是碱性水电解制氢的启停时间太长（往往长达数十分钟），不适用波动电源，也无法快速调节制氢的速度，整体来看，与可再生能源电力的适配性较差，目前大部分单一的碱性水电解制氢技术还是以稳定的电网电力制氢为主。

2. 质子交换膜水电解制氢

质子交换膜水电解制氢技术是以质子交换膜（通常是全氟磺酸质子交换膜，如杜邦公司的 Nafion 膜）作为隔膜和电解质，同时起到隔膜和电解质的作用，替代了传统碱液电解槽的隔膜和碱性电解液，传导质子 H^+，并隔绝电极两侧的气体，这就避免了碱液电解槽使用强碱液电解质所带来的缺点，并可以提高电解效率。由于质子交换膜水电解制氢传导的是 H^+，与碱性水电解制氢有所不同，因此阴阳电极上的反应也有所不同，其化学反应过程如下：

阴极反应式：

$$4H^+ + 4e^- = 2H_2 \uparrow \tag{2-16}$$

阳极反应式：

$$2H_2O - 4e^- = O_2 \uparrow + 4H^+ \tag{2-17}$$

总反应式：

$$2H_2O = 2H_2 \uparrow + O_2 \uparrow \tag{2-18}$$

质子交换膜水电解槽（PEMEC）主要部件由内到外依次是质子交换膜、阴阳极催化层、阴阳极气体扩散层、阴阳极端板等，如图 2-9a 所示。其中质子交换膜、阴阳极催化层、阴阳极气体扩散层组成膜电极，是整个水电解槽物料传输以及电化学反应的主场所，质子交换膜两侧是催化剂构成的多孔电极，水分解后在电极两端分别析出氢气和氧气。其电解过程如图 2-9b 所示。

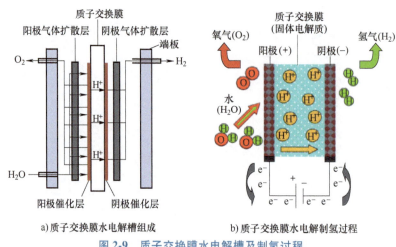

图 2-9 质子交换膜水电解槽及制氢过程

同碱性水电解制氢技术相比，质子交换膜水电解制氢工作电流密度更大（>1A/cm²）、总体效率更高（74%~87%）、氢气体积分数更高（>99.99%）、产气压力更高（3~4MPa）、动态响应速度更快。此外，质子交换膜电解槽具有反应无污染、氢气无须分离碱液、能耗低、能源转换效率较高、槽体结构紧凑、运行更加灵活（负荷范围 0~150%）、更适合波动性强的可再生能源电力等优点。目前已有质子交换膜水电解设备可以实现 10s 内到达满负荷状态，可以很好地与可再生能源电力耦合。同时由于质子交换膜的隔离作用，安全系数高，越来越多的新建电解制氢项目开始选用 PEMEC 技术。但是质子交换膜水电解制氢需要使用贵金属作为催化剂，质子交换膜价格也较高，导致整体成本较高。

3. 固体氧化物水电解制氢

固体氧化物水电解制氢技术采用固体氧化物（如 Y_2O_3、ZrO_2 等）作为电解质材料，在 600~1000℃ 的高温下，对电极两侧施加一定的直流电，H_2O 在阴极被分解产生 O^{2-}，O^{2-} 穿过致密的固体氧化物电解质层到达阳极，失去电子，产生 O_2，而阴极产生 H_2。其化学反应过程如下：

阴极反应式：
$$H_2O + 2e^- = O^{2-} + H_2 \uparrow \tag{2-19}$$

阳极反应式：
$$2O^{2-} - 4e^- = O_2 \uparrow \tag{2-20}$$

总反应式：
$$2H_2O = 2H_2 \uparrow + O_2 \uparrow \tag{2-21}$$

固体氧化物电解槽（SOEC）的基本组成如图 2-10 所示，中间是致密的电解质层，两边分别是多孔的阴极、阳极以及连接体，电解质的主要作用是隔开氧气和氢气，并且传导 O^{2-}，因此一般要求电解质致密且具有高的离子电导率和可忽略的电子电导。电极一般为多孔结构，以利于气体的扩散和传输。

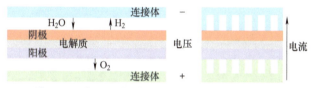

图 2-10　高温固体氧化物水电解制氢原理示意图

与 AEC、PEMEC 技术相比，SOEC 技术具有能量转化效率高（高达 90%），需要的能量削减 20%~30%，可以利用太阳能、地热等可再生热量进行电氢转换，不需要使用贵金属催化剂，无须补充损失掉的电解质，没有腐蚀问题等优点。除此之外，SOEC 可以在高温下工作，有利于降低电能损耗。然而不足的是，因工作温度高，对各部件材料的热稳定性、机械强度要求高，并且成本较高，阻碍了固体氧化物水电解制氢的产业化进程，目前仍处于实验室研发阶段。

4. 碱性固体阴离子交换膜水电解制氢

除了 AEC、PEMEC、SOEC 等水电解制氢设备以外，近年来，还出现了碱性固体阴离子交换膜（AEM）作为隔膜的水电解设备，这种设备称为碱性固体阴离子交换膜电解槽（AEMEC）。AEMEC 是在碱性条件下，结合固体电解质与碱性体系这两个特点，采用碱性固体电解质代替质子交换膜，用以传导 OH^-、隔绝电极两侧的气体，AEMEC 阴阳两极的化学反应过程与碱性水电解反应过程相似。AEMEC 技术将传统碱性液体电解质水电解与质子交换膜水电解的优点结合起来，隔膜材料为可传导 OH^- 的固体聚合物阴离子交换膜，催化剂可采用与 AEC 技术相近的 Ni、Co、Fe 等非贵金属催化剂，相比 PEMEC 技术采用贵金属 Ir、Pt，催化剂成本将大幅降低，且对电解槽双极板材料的耐腐蚀要求也远低于对 PEMEC 的要求。目前 AEMEC 技术仍处于初步研究阶段，是否能实现高效、低成本、环境友好的制氢，还需要进一步研究。

2.2.2　成本与发展现状

1. 成本分析

（1）碱性水电解制氢

在制氢成本方面，一般制氢成本分为固定成本和可变成本，固定成本包括设备折旧、人工、运维成本等，可变成本包括制氢过程的电耗和水耗。由此可推出碱性水电解制氢成本计算公式，如下所示：

$$制氢成本 = 电价 \times 单位电耗 + \frac{每年折旧 + 每年运维}{每年制氢量} + 水价 \times 单位水耗 \qquad (2\text{-}22)$$

随着电价的降低，电解制氢成本也随之降低，同时电力成本占比也同步降低，如图 2-11 所示，电力成本每降低 0.1 元·(kW·h)$^{-1}$，制氢成本平均降低 0.5 元/Nm^3。如果对光伏上网电价的预测准确，到 2035 年和 2050 年，电力成本占比将分别为 60%和 49%，制氢成本将会为 1.67 元/Nm^3 和 1.32 元/Nm^3，相比目前将分别降低 37%和 50%，分别接近和超过目前制氢成本最低的煤制氢。假设未来有一定的政策性补贴，则电解制氢的成本将有可能与化石能源制氢成本相当甚至更低。

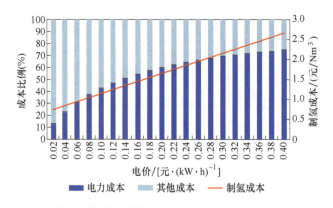

图 2-11　在不同电价下碱性水电解制氢成本比例及制氢成本变化

此外，增加设备利用率也能够降低成本。随着氢能行业的发展，当氢气需求大幅提高，并且可再生能源电力储能取得突破时，可通过延长电解槽工作时间，生产更多"绿氢"以摊薄其固定成本。

在不同电价条件下，随着电解槽年工作时间的延长，因单位氢气固定成本降低，制氢成本也随之降低，如图 2-12 所示，时间从 2000h 增加至 8000h 后，单位氢气成本平均降低 30%以上。结合电价降低以及增加运行时间等因素，若到 2030 年和 2050 年，电价分别为 0.2 元·(kW·h)$^{-1}$ 和 0.13 元·(kW·h)$^{-1}$，年工作时间达到 4000h 和 8000h，对应的制氢成本将分别为 1.34 元/Nm^3 和 0.83 元/Nm^3，在不依赖政策性补贴下，"绿氢"的生产成本将接近甚至低于"灰氢"的制取成本。

除上述两种降低成本方法外，还可利用降低电解槽采购成本和提升电解槽效率的办法来实现降本。但要注意的是，因碱性电解槽工艺技术已很成熟，通过技术革新来实现降低成本较为困难。同时，开发利用先进性能的电极和隔膜材料，进一步优化槽体结构，也可进一步提高其转化效率，从而实现降低成本和能耗。

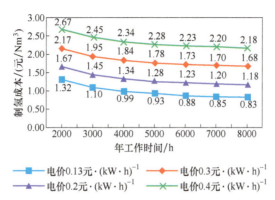

图 2-12　不同电价条件下碱性水电解制氢成本与电解槽工作时间的关系

（2）质子交换膜水电解制氢

一般地，在同等条件下，质子交换膜水电解制氢成本高于碱性水电解制氢成本，主要是由于质子交换膜电解槽的成本比较高，导致每年的高设备折旧成本，因此制氢成本也高。降低制氢成本主要是从减少设备折旧成本及电力成本两方面入手。有文献研究表明，随着电价的下降，电力成本在总成本中的比重逐渐下降，制氢成本也逐渐降低，如图 2-13 所示，当电价分别为 0.13 元·(kW·h)$^{-1}$ 和 0.2 元·(kW·h)$^{-1}$ 时，制氢成本分别为 2.4 元/Nm^3 和 2.71 元/Nm^3，电力成本占比分别为 24% 和 33%。与碱性电解槽制氢成本相比，该方式成本仍较高，主要原因在于质子交换膜电解槽价格较高，导致折旧成本偏高。

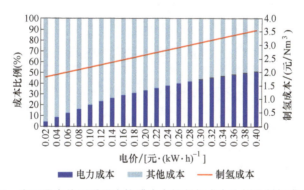

图 2-13　在不同电价下质子交换膜水电解制氢成本比例及制氢成本变化

据预测，到 2030 年，产氢能力 1000Nm^3/h 的质子交换膜电解槽价格约为 1500 万元，至 2050 年约为 500 万元。有文献研究表明，随着电解槽工作时间的延长，制氢产量的增加，制氢成本逐渐下降。其中，电力成本和固定成本越高，下降趋势越明显，如图 2-14 所示。到 2030 年和 2050 年，预计电价分别为 0.2 元·(kW·h)$^{-1}$ 和 0.13 元·(kW·h)$^{-1}$，电解槽年工作时间分别为 4000h 和 8000h，质子交换膜电解槽成本分别为 1500 万元和 500 万元，则制氢成本分别为 1.41 元/Nm^3 和 0.72 元/Nm^3，比目前制氢成本大大降低。中期内，相比碱

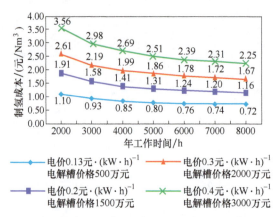

图 2-14　不同条件下质子交换膜水电解制氢成本与电解槽工作时间的关系

性水电解制氢,质子交换膜水电解制氢的成本仍然偏高,但随着质子交换膜电解槽采购成本的降低,质子交换膜水电解制氢的成本将逐渐接近碱性水电解制氢成本,甚至可能低于化石能源制氢。

总体而言,相比碱性水电解制氢,质子交换膜水电解制氢因设备成本过高,制氢成本相对较高,然而,随着氢能行业的发展、氢气需求增加及技术进步,质子交换膜水电解制氢成本将逐渐下降,结合可再生能源电力成本下降及产氢量增加,质子交换膜水电解制氢将逐渐具有较强的竞争性。

（3）固体氧化物/碱性固体阴离子交换膜水电解制氢

不同于目前碱性电解槽和质子交换膜电解槽已经实现工业化生产,固体氧化物电解槽和碱性固体阴离子交换膜电解槽尚处于实验室研发阶段,还未实现商业化,所以本书暂不对其制氢成本进行分析。

2. 发展现状

（1）碱性水电解制氢设备

碱性电解槽（AEC）技术是发展时间最长、最为成熟的电解槽技术。我国 AEC 水电解技术已有数十年历史,截至 2021 年,我国碱性水电解装置的安装总量为 1500~2000 套。相比其他的水电解制氢项目,碱性水电解制氢装置的成本相对较低,单槽产能较大。目前国内碱性水电解制氢装备的成本已降到 140 万元/MW,而国外的碱性水电解制氢装备成本大约在 800 万元/MW,相比国外,我国的碱性水电解制氢具有很大的价格优势。此外,主要的碱性水电解制氢装备生产企业的产品,如中国船舶集团第七一八研究所、考克利尔竞立、天津大陆等,单槽制氢能力都达到 $1000Nm^3/h$（5MW）以上,已有部分企业正在研制单槽制氢能力 $1500Nm^3/h$（7.5MW）的制氢设备。从设备成本、单槽制氢能力来看,碱性水电解制氢技术非常适用于需要大规模水电解制氢的场景。目前我国大部分建设运营的水电解制氢项目,也以碱性水电解制氢为主。

相比其他制氢技术，碱性水电解制氢技术发展较为成熟，但是其技术仍然在不断发展，特别是在材料选择、效率提高方面。材料方面，长期以来，国内外碱性水电解制氢用的隔膜均采用石棉材料；但因石棉材料的溶胀性、高温碱性环境下的不稳定性，以及对人体会造成危害等缺点，许多国家已相继停止使用石棉，开始探索新型隔膜材料；截至目前，以 TiO_2、NiO 等为基底的无机隔膜以及有机纤维类隔膜，因具有耐高温性、耐腐蚀性、高机械强度等特点，被认为是未来阶段很有市场前景的隔膜材料。在效率方面，目前工业碱性水电解槽的电流密度在 $0.2\sim 0.4A/cm^2$，制氢总效率较低，仅为25%左右；为了提高碱性水电解的性能，高活性的催化剂，低电阻、气体易分离的零间隙结构也将成为今后开发研究的重点。

（2）质子交换膜水电解制氢设备

目前国内小产量（产氢能力为数十标准立方米每小时）PEM 制氢设备的成本大约为 1600 万元/MW，但是随着 PEM 水电解槽制氢能力的增加，设备的成本将随之下降。例如西门子公司的美因茨能源区项目（3.75MW，750Nm^3/h），折算其制氢设备成本，大约为 620 万元/MW。对于 PEM 水电解槽的关键部件质子交换膜，其制备工艺复杂，主要被美国和日本企业垄断，成本较高，国内只有个别企业如山东东岳可以生产性能相对优良的质子交换膜。因长期被国外少数厂家垄断，质子交换膜价格高达几百甚至几千美元每平方米。为降低膜的成本，提高膜的性能，国内外重点攻关改性全氟磺酸质子交换膜、有机/无机纳米复合质子交换膜和无氟质子交换膜。其中，全氟磺酸膜改性研究聚焦于聚合物改性、膜表面刻蚀改性以及膜表面贵金属催化剂沉积三种途径。比如，巴拉德（Ballard）公司开发出部分氟化磺酸型质子交换膜 BAM3G，在热稳定性、化学稳定性、机械强度等性能指标方面接近 Nafion 系列膜，但价格明显下降，未来阶段，将有可能替代 Nafion 膜。通过引入无机组分制备有机/无机纳米复合质子交换膜，使其兼具有机膜柔韧性和无机膜良好热性能、化学稳定性以及力学性能，成为该领域内的研究热点。此外，选用聚芳醚酮（PAEK）、聚砜（PSU）等廉价材料制备无氟质子交换膜，也是未来阶段的发展趋势之一。

我国 PEMEC 技术发展时间较短，产品以几标准立方米到几十标准立方米的小型单槽制氢装备为主，生产企业以中国船舶集团第七一八研究所、赛克赛斯公司为主。而国外如西门子、Nel 和加拿大氢能等企业已有成熟的几百到上千标准立方米的中大型制氢设备项目，单槽制氢能力达到数百标准立方米。与 AEC 技术相比，PEMEC 技术非常适用于可再生能源发电制氢、现场制氢加氢站等场景，可应用于交通、电网储能、智能微电网以及军用领域。但由于 PEMEC 技术成本太高，同等规模的制氢设备成本是 AEC 制氢设备的 4~10 倍，目前还难以大规模应用。

目前，PEMEC 技术已经在加氢站现场制氢、风电等可再生能源水电解制氢、储能等领域得到示范应用，并将逐步复制推广。然而，PEMEC 技术商业化时间较短，质子交换膜和铂电极催化剂等关键组件成本较高，导致 PEMEC 制造成本较昂贵（为相同规模碱性电解槽的3~5倍）。降低催化剂与电解槽等材料成本，特别是阴、阳极电催化剂的贵金属载量，提高电解槽的效率和寿命，是未来阶段质子交换膜水电解制氢技术的研究重点。

（3）固体氧化物水电解制氢设备

SOEC技术最初应用于分解航天器中的二氧化碳。2017年，韩国蔚山科学技术院（UNIST）、韩国能源研究所（KIER）、韩国淑明女子大学的研究人员，开发出了一套基于SOEC技术的水电解系统，在1.5V的电压和700℃的条件下，产氢量为1.9L/h。同在2017年，德国Sunfire公司推出SOEC初期产品，目前该公司的可逆双模系统（也可作为燃料电池）可用电解槽生产80%绿色氢气，在GrInHy项目中，将Sunfire的模块化电解槽集成到钢厂的生产过程，可增加至兆瓦级，用于稳定电网的电力，其SOEC产品正逐渐走向规模化应用。现阶段国内在SOEC方面主要以科学研究为主，相关科研单位如中国科学院宁波材料所、清华大学、北京低碳清洁能源研究所等在SOEC领域都有相关探索。2017年，北京低碳清洁能源研究所与清华大学联合在北京神华集团低碳所园区搭建了千瓦级可逆固体氧化物电池测试平台（Reversal SOC，RSOC），可以工作于固体氧化物燃料电池（SOFC）发电状态，也可工作于SOEC电解制氢状态，验证了百瓦级别的SOEC较高的电解效率（110%），估算出百瓦、千瓦级SOEC技术制氢的电解效率可高达90%。

目前，SOEC技术的衰减机理的研究和新型材料的研发尚未有重大突破，限制了该技术的大规模推广，仅在实验室和通过小型示范规模发展。

（4）碱性固体阴离子交换膜水电解制氢设备

国外已有企业研制出AEMEC制氢相关设备，如德国Enapter公司，目前正致力于商业化AEMEC技术，其AEMEC技术目前单体槽制氢能力可达到$2Nm^3/h$，已在法国、泰国、马来西亚、德国、荷兰等有多例应用案例，规模在$0.5~4Nm^3/h$之间。

作为AEMEC技术的关键材料，固体聚合物阴离子交换膜直接影响AEMEC水电解制氢的性能和成本，但至今仍未找到优良的碱性电解质膜材料。目前该技术尚处于研发完善阶段，现阶段的研发集中于碱性固体聚合物阴离子交换膜与高活性非贵金属催化剂。一旦关键材料获得突破，工业规模的扩大则可沿用PEMEC水电解与碱性水电解的成熟技术。

2.3 工业副产氢提纯

工业副产氢是指现有工业在生产目标产品的过程中生成的氢气，主要有焦炉煤气、氯碱、合成氨、丙烷脱氢（PDH）等各类副产氢。通过提纯工艺，可以将副产氢中氢气纯度大幅提高，以满足不同用氢场景的需求。我国是全球最大的工业副产氢国家，工业副产氢资源丰富，目前，我国每年排空的工业副产氢约为450万t，可以供约97万辆氢燃料电池公交车全年运营。其中，丙烷脱氢以及乙烷裂解副产氢约为30万t，主要分布在华东及其他沿海地区；氯碱副产氢约为33万t，主要分布在新疆、山东、内蒙古、上海、河北等省市；焦炉煤气副产氢约为 271 万 t，主要分布在华北、华中地区；合成氨/醇等副产氢约为 118 万 t，主要分布在山东、陕西、河南等省份。大部分的工业副产氢出厂价格为 9~22 元/kg。

2.3.1 技术特点

工业副产氢包括工业生产部分和提纯部分，工业生产部分按副产氢种类，有焦炉煤气副产氢、氯碱工业副产氢、丙烷脱氢副产氢以及合成氨副产氢；提纯主要包括变压吸附（PSA）法、低温分离法、膜分离法和金属氢化物分离法四类。

1. 副产氢种类

（1）焦炉煤气副产氢

焦炉煤气（COG）是焦化行业的主要副产品，其中含有 H_2、CH_4、CO 以及不饱和烃等可燃成分，CO_2、O_2 等不可燃成分，见表 2-5，属于中热值气。结合 COG 的高 H_2 含量等特点，COG 副产氢已逐渐成为国家促进焦化行业产业升级、开发氢能源的重要途径。新时代的背景下，COG 副产氢也将成为推进焦化企业深化改革、转型升级、走绿色环保发展之路的必然选择。焦炉煤气获得氢气的工序主要有：压缩和预净化、预处理、变压吸附和氢气精制。其中焦炉煤气预处理利用变温吸附进行除硫除萘，然后利用变压吸附提高氢气纯度，最后精制氢气的质量满足燃料电池汽车用燃料氢标准。根据提纯氢工艺原理的不同，可将 COG 副产氢提纯的方法分为物理法和化学法。物理法包括深度冷冻法、膜分离法和变压吸附法等，化学法包括部分氧化重整。

表 2-5 焦炉煤气主要成分及杂质

焦炉煤气的成分及含量		焦炉煤气中的杂质成分及含量	
成分	含量（%）	成分	含量/（mg/m³）
H_2	55	苯	0.5
O_2	0.44	焦油	550
CO	8.5	萘	600
CO_2	6.0	H_2S	3000~4500
CH_4	24	有机硫	180
C2~C5 不饱和烃	3.6		

小规模的焦炉煤气副产氢提纯一般采用 PSA 技术，只能提取焦炉煤气中的 H_2，解吸气返回被回收后作为燃料再利用；大规模的焦炉煤气副产氢提纯通常将深冷分离法和 PSA 法结合使用，先用深冷法分离出 LNG，再经过变压吸附提取 H_2。通过 PSA 装置回收的气体含有微量的 O_2，经过脱氧、脱水处理后可得到 99.999% 的高纯 H_2。

(2) 氯碱工业副产氢

氯碱工业指的是工业上用电解饱和氯化钠溶液的方法来制取氢氧化钠（NaOH）、氯气（Cl_2）和氢气（H_2），并以它们为原料生产一系列化工产品。具体的生产过程是，采用离子膜或石棉隔膜电解槽，以饱和氯化钠溶液作为电解液，电解液中存在着钠离子和氯离子，将阴阳电极放入电解液中，当电路接通后，直流电流从电源正极流向阳极，然后经过氯化钠溶液，由阴极返回直流电源的负极，形成电流回路。在阳极端，氯离子（Cl^-）失去电子，生成氯气（Cl_2），在阴极端，H^+获得电子生成氢气（H_2），同时在阴极端不断生成NaOH。除了NaOH、Cl_2和H_2，可能还生成氯化氢（HCl）、次氯酸（HClO）、次氯酸钠（NaClO）以及水蒸气等杂质。阴阳两极反应过程以及总反应过程可以用下列反应式表达：

阳极反应式：
$$2Cl^- - 2e^- = Cl_2\uparrow（氧化反应） \qquad (2-23)$$

阴极反应式：
$$2H^+ + 2e^- = H_2\uparrow（还原反应） \qquad (2-24)$$

总反应式：
$$2NaCl + 2H_2O = 2NaOH + Cl_2\uparrow + H_2\uparrow \qquad (2-25)$$

在氯化钠电解过程中，由于部分电解产物之间能够发生化学反应，如NaOH溶液和Cl_2能反应生成NaClO、H_2和Cl_2，混合遇火能发生爆炸，存在较大的安全隐患。在实际的氯碱工业生产中，要避免这几种产物混合，常使反应在特殊的电解槽中进行，采用离子膜或石棉隔膜电解槽将阴阳两极的产物分开，目前氯碱工业生产主要有隔膜法、双电解池法和离子交换膜法等。在氢气提纯环节，我国氯碱厂大多采用PSA技术提纯，获得高纯度氢气后用于生产下游产品。在氯碱工业生产中，每生产1t烧碱大约可获得副产氢气280m^3。

(3) 丙烷脱氢副产氢

丙烷脱氢制丙烯是在催化剂的作用下丙烷脱去氢生成丙烯，是制备丙烯的一种重要工艺。目前丙烷脱氢制丙烯的工业化方法包括直接脱氢法（PDH）和氧化脱氢法（OPDH）两类。PDH法是指在高温和催化剂的作用下，丙烷的碳-氢键断裂，氢原子脱离丙烷，从而形成丙烯和氢气，PDH法属于吸热反应，需要外界提供较高的能量，同时反应受到热力学平衡的限制，在较高温度下（>600℃）才能获得较高的转化率，且高温还会带来催化剂积炭等问题。OPDH法由于有氧的存在，脱下来的氢会与氧结合生成水，而获得不到氢气，而且OPDH是一个放热反应，不受热力学平衡的限制。与PDH法相比，OPDH的脱氢催化剂的使用降低了丙烷脱氢反应的活化能，使脱氢反应可以在较低温度下发生，理论上在较低反应温度即可获得较高的转化率，也不存在催化剂积炭问题。反应过程中所涉及的反应方程式如下：

PDH反应式：
$$C_3H_8 \rightarrow C_3H_6\uparrow + H_2\uparrow \qquad (2-26)$$

OPDH 反应式：

$$C_3H_8 + \frac{1}{2}O_2 \uparrow \rightarrow C_3H_6 \uparrow + H_2O \tag{2-27}$$

从反应方程式来看，只有 PDH 法的丙烷脱氢工艺才能产生副产氢，因此，丙烷脱氢副产氢主要指 PDH 法的生产工艺。和焦炉煤气以及氯碱工业副产氢相比，丙烷脱氢不需要额外的设备和生产流程，直接生成的氢气纯度高、杂质少。此外，丙烷脱氢不需要制备额外的原料气，氢气净化的投入也相对较少，纯化后可以满足氢燃料电池用氢要求。由中国化学工程第三建设有限公司承建的金能新材料（青岛）有限公司 90 万吨/年丙烷脱氢项目，是截至 2020 年全球单套产能最大的丙烷脱氢项目，如图 2-15 所示。

图 2-15 金能新材料（青岛）有限公司丙烷脱氢项目

（4）合成氨副产氢

合成氨副产氢是指氢气与氮气在一定的温度与压力下，通过催化反应生成氨气，过程中释放的弛放气内含有大量未完全参与反应的氢气。合成氨的工业生产普遍采用直接合成法，合成反应中的氢气主要由煤、天然气或石油为原料制成，氮气主要从空气中提取。合成氨反应式如下：

$$3H_2 \uparrow + N_2 \uparrow = 2NH_3 \uparrow \tag{2-28}$$

理论上，每合成 1t 氨，耗氢量为 176.47kg，但实际中，从合成塔中释放的合成放空气和从氨中间罐释放的弛放气会增加每吨氨耗氢量，根据合成氨厂的物料平衡，不做任何尾气处理时，每吨氨耗氢量将包括合成反应消耗、合成放空气和弛放气中的氢气三部分。其中，在合成放空气和驰放气中都含有大量未完全参与反应的氢气，实际上，每合成1t氨耗氢量约为193.53kg。目前，我国大部分合成氨厂将驰放气和合成放空气中的氢回收，并返回合成氨系统进行再生产，从而使每吨氨耗氢量下降，通常回收率为65%~90%。因此，我国每吨氨耗氢量为178.18~182.44kg。

2. 提纯方法

（1）变压吸附法

变压吸附（PSA）法提纯氢气技术利用吸附剂对杂质气体和氢气的吸附容量差异，常温下通过周期性地改变吸附床层的压力，调控不同组分在吸附剂上的吸附量，实现杂质气体与氢气的分离和纯化，是目前工业中采用最多、技术较为成熟的一种氢气分离方法。PSA技术在高于大气压力下完成对杂质气体的吸附，然后降至常压下实现解吸。PSA技术对原料气中杂质成分和含量的要求并不苛刻，所以其适应场合比较广泛，一般不需要复杂的预处理工艺。尤其是当氢含量比较低时（50%~90%），PSA分离技术相比于其他分离技术优越性更突出。PSA技术具有能耗低、产品纯度高、可灵活调节、工艺流程简单、可实现多种气体的分离、自动化程度高、操作简单、吸附剂使用周期长、装置可靠性高等优点，适于各种规模的氢气纯化，且通过该纯化技术获取的氢气纯度可达99.999%，可用于PEM燃料电池的应用场景。但其最大的缺点是产品回收率低，仅在60%~80%。为提高氢气回收率，对PSA工艺进行改进，开发出了真空变压吸附（VPSA），其主要改进是采用抽真空的方式进行吸附剂再生，使强吸附性杂质在负压下强行解吸下来，吸附剂再生效果好，产品回收率高。但缺点是此工艺需要增加真空泵，能耗较大，且维修成本较高，当原料气压力低、回收率要求高时才会采用VPSA工艺。

（2）低温分离法

低温分离法有低温液化分离法（深冷分离法）、低温吸附法和低温吸收法三类。

低温液化分离法（深冷分离法）提纯氢气技术的原理是，利用在相同压力下氢气（标准沸点为-252.76℃）与其他组分（氮气、氧气、甲烷、烃类的标准沸点分别为：-195.62℃、-185.71℃、-161.3℃、>-100℃）的沸点差异，采用冷凝的方法将氢气从混合气体中分离出来。低温液化分离法适用于氢含量较低的混合气分离，氢气回收率可高达92%~97%。但由于分离过程中压缩和冷却的能耗较高，该方法适用于大规模氢气提纯。得到的氢气纯度一般为90%~98%，适合对氢气纯度要求较低的场景，不适合单独用于提纯PEM燃料电池原料氢气，往往被用以与PSA法结合提纯高纯氢气。

低温吸附法是在低温条件下（通常是在液氮的温度下），由于吸附剂本身化学结构的极性、化学键能等物理化学性质，吸附剂对原料气中一些低沸点气体杂质组分选择性吸附，实现氢气的分离。当吸附剂吸附饱和后，经升温、降低压力的脱附或解吸操作，使吸附剂再生，如活性炭、分子筛吸附剂可实现氢气与低沸点氮、氧等气体的分离。该法对原料气要求高，需要精脱CO_2、H_2S、H_2O等杂质，氢含量一般大于95%，因此，通常与其他分离法联合使用,用于超高纯氢的制备,得到的氢气纯度可达99.9999%,回收率90%以上。该法设备投资大,能耗较高,操作较复杂,适用于大规模生产。

低温吸收法是通过吸收过程将杂质溶解于液体吸附剂,通过解吸过程将被溶解的气体从溶液中释放出来从而实现分离。常用的吸附溶剂有:丙烷、甲烷、丙烯和乙烯等。例如液体甲烷在低温下吸附一氧化碳,氯化苯对CH_4、Ar和N_2都存在吸附作用,是一种理想的氢回收溶剂。此方法要求原料气中氢含量大于95%,可得到99.99%以上的高纯氢,回收率高达95%,若要达到更高的氢纯度要求,则要采用低温吸附法以补足。此方法适合于工业化生产,但设备投资大、能耗高、成本高、操作较复杂。

(3) 膜分离法

膜分离提纯氢气技术利用对氢气具有选择透过性的特定类型的膜,使膜两侧存在一定压差,气体在膜两侧会产生不同的浓度梯度和渗透速度,从而实现氢气与杂质气体的分离。膜分离提纯技术一般需要升温(70~90℃)及精过滤等预处理工艺,而且一般无法将H_2S、CO_2等杂质含量降至10^{-6}级(摩尔分数)。所以该方法也不适合单独用于提纯PEM燃料电池原料氢气,一般与PSA法结合来提纯高纯氢气。

膜分离提纯技术具有经济、便捷、高效、洁净的特点,被认为是继深冷分离法和PSA法之后最具发展前景的第三代新型气体分离技术。膜分离机理分为两种:微孔扩散机理和溶解-扩散机理。微孔扩散机理主要针对多孔薄膜,它的分离原理是不同分子动力学直径的分子在微孔中的扩散速率不同,通过控制薄膜孔径可以提高薄膜的选择性。溶解-扩散机理主要适用于致密非多孔膜的气体分离,气体分子在压力作用下首先于高压侧与膜接触,然后经过吸附、溶解、扩散、脱溶和逸出等步骤实现对特定气体的分离。无机膜材料的化学稳定性和热稳定性较好,能够在高温、强酸等苛刻环境下工作,且有些无机膜用于气体分离时,可大幅度超过Robeson上限,是一类极具潜力的膜分离材料。

我国最初的氢气提纯膜分离器主要依靠进口,1985年,中国科学院大连化学物理研究所首次成功研制了聚砜中空纤维N_2/H_2分离器,并在中国石化镇海炼化成功实现工业化应用,填补了国内相关技术的空白。中国石油长庆石化公司于2010年投产了采用美国空气产品公司(Air Products)PRISM膜的氢气分离装置,处理量约为7000m^3/h,氢气回收率大于80%,该装置至今仍稳定运行。

(4) 金属氢化物分离法

金属氢化物分离法是利用储氢材料与氢发生氢化反应储氢,对氢具有高度选择性。当氢气与储氢材料接触时,只有氢气能与其发生氢化反应,其他杂质气体不会与其发生反应。储氢材料降温升压时吸收氢气、升温减压时释放氢气的性质,有助于其在氢气纯化方面的应用。氢气吸附时,氢气分子在合金催化下解离为氢原子,并向金属内部扩散,最终固定在金属晶格中。储氢合金受热时,氢气从金属晶格里排出,氢气纯度可高达99.9999%,因此,金属氢化物法通常被用于氢气的储存和净化领域。金属氢化物分离法具有产出氢气纯度高、操作简单、能耗低和材料价格低廉等特点，是最适用于获得高纯氢的技术之一。但缺点也比较明显：氢气回收过程中，纯化材料易与杂质气体发生反应，引起纯化材料中毒而丧失活性，降低纯化效率；氢气释放时存在氢滞留现象；氢处理量相对较小，更适用于实验室等小规模产氢。

2.3.2 成本与发展现状

1. 成本

工业副产种类繁多，不同副产氢的技术、工艺、产品等的属性不同，所利用的提纯技术不同，这些都会导致成本存在着较大差异。

（1）焦炉煤气副产氢提纯

焦炉煤气直接提纯氢项目投资较低，比直接使用天然气和煤炭制氢等方式在成本上更具优势，是大规模、高效、低成本生产廉价氢气的有效途径，在我国具备良好的发展条件。同时，焦化产能分布广泛，在山西、河北、内蒙古、陕西等地可以实现近距离点对点氢气供应。采用焦炉煤气转化制氢的方式虽然增加了焦炉煤气净化过程，增加了能耗、碳排放和成本，但氢气产量大幅提升，且焦炉煤气价格远低于天然气，相较于天然气制氢仍具有成本优势。未来随着氢能产业迅速发展，氢气储存和运输环节成本下降，焦炉煤气提纯氢将具有更好的发展前景。

焦炭是我国炼钢行业的主要原材料，煤焦化过程中每 1t 焦炭可产生约 400Nm^3 的焦炉煤气，其中氢气含量约 44%，氢气中有 40%~50% 供焦炉自身加热，有一小部分作为合成氨与合成甲醇的原料，剩下的约 39% 几乎全部放空。若这部分放空量被回收利用，按 2018 年焦炭产量计算，则理论上全国焦化行业可以提供约 271 万 t 副产氢。焦炉煤气提纯氢综合成本为 0.83~1.33 元/Nm^3。

（2）氯碱工业副产氢提纯

氯碱工业副产氢净化回收成本低、环保性能较好、生产的氢气纯度高，经 PSA 等工艺净化回收后，适用于汽车用燃料电池所需的氢气原料。我国氯碱工业在解决好碱氯平衡的前提下，可进一步开拓氢气的高附加值路径。在目前的化工副产提纯氢路线中，氯碱产能的覆盖面较广，其中山东、江苏、浙江、河南、河北以及新疆、内蒙古等省份是主要生产地，此外，在山西、陕西、四川、湖北、安徽、天津等地也有分布。从经济性角度看，氢气的产生不需要额外的生产流程，而且基本不需要净化提纯便可应用于燃料电池。从清洁低碳角度而言，使用氯碱工业生成的氢气不需要直接或额外消耗化石能源，不会额外增加污染物和温室气体排放，因此氯碱工业副产氢被视为真正的副产氢。氯碱主要生产地与氢能潜在负荷中心重叠度较好，是未来低成本氢源的良好选择，尤其是在氢能产业发展导入期，可优先考虑利用周边氯碱企业副产氢气，降低原料成本和运输成本，提高项目竞争力。氯碱副产提纯氢成本较低，大型先进氯碱装置的产氢成本可以控制在 1.3~1.5 元/Nm^3。

（3）丙烷脱氢副产氢提纯

截至 2022 年 3 月，我国共建有 13 个丙烷脱氢项目，并有多个项目正处于前期工作。"十四五"期间，我国丙烷脱氢项目的丙烯总产能将突破 1000 万 t/年，副产氢气超过 40 万 t/年。已投产的丙烷脱氢装置开工率按 90% 计算，扣除企业自用的氢气部分，剩余可销售的氢气产品有十几万吨。以 60 万 t/年的丙烷脱氢制丙烯装置为例，其副产粗氢气规模约为 3.33 亿 Nm^3/年。当丙烷脱氢装置富氢尾气价格在 0.6~1.0 元/Nm^3 的范围内波动时，相应净化后的氢气产品（纯度≥99.999%）单位完全成本为 0.89~1.43 元/Nm^3，即经 PSA 分离提纯后精制氢气成本增加 0.3~0.4 元/Nm^3。按 1 元/Nm^3 的价格计算，则 60 万 t/年的丙烷脱氢制丙烯装置每年可增加收入约 3.33 亿元，同时下游市场可获得价格约为 1.43 元/Nm^3 的低成本氢气。

丙烷脱氢制丙烯装置的原料大多依赖进口，东部沿海地区具有码头区位优势，因此丙烷脱氢产能大多数分布在东部沿海地区（京津冀、山东、江浙、福建、广东等）。从产业布局来看，丙烷脱氢产业与氢能产业负荷中心也有很好的重叠，可有效降低氢气运输费用，而且该产业副产氢容易净化，回收成本低，因此丙烷脱氢副产氢将会是氢能产业良好的低成本氢气来源。

（4）合成氨副产氢提纯

目前，用于合成氨、合成甲醇的氢气消耗量在我国氢气消耗结构中占比共计可达 50% 以上，煤、天然气与焦炉煤气是生产所需要氢气的主要原料。合成氨和合成甲醇生产过程会有合成放空气及驰放气排出，其中氢气含量在 18%~55% 之间。按照 2018 年合成氨及合成甲醇的产量，全国的驰放气放空量回收利用的副产氢供应潜力达到 118 万 t/年。

合成氨/醇企业可通过回收利用现有合成放空气和驰放气、调整下游产品结构等途径实现氢气的外供。目前氢气生产成本在 0.8~1.5 元/Nm^3，提纯成本按照 0.5 元/Nm^3 计算，则合成氨、合成甲醇的副产氢成本为 1.3~2 元/Nm^3。

2. 发展现状

工业副产氢产能分布比较分散，整体上靠近能源负荷中心。焦化厂主要分布在华北、华东地区，较大规模的氯碱厂主要分布在新疆、山东、内蒙古、上海、河北等省市，合成氨/醇企业主要分布在山东、山西、河南等省份，丙烷脱氢项目主要分布在华东及其他沿海地区。目前来看，国内工业副产氢是燃料电池行业氢源的较优选择。国内氯碱、丙烷脱氢和乙烷裂解行业集中在华东、华北等经济发达、人口稠密的能源负荷中心，在对这些装置进行低强度的改造之后可同时解决周边区域的供氢和副产氢高效利用的问题。我国氯碱、炼焦等行业有大量工业副产氢资源，产业基础较好。我国是全球最大的焦炭生产国，2020 年焦炭产量达 4.7 亿 t，每 1 t 焦炭可产生约 400m^3 的焦炉煤气，其中氢气含量约 44%，理论可副产氢气约 740 万 t；我国 2020 年烧碱产量为 3643 万 t，理论可副产氢气约 91 万 t；根据《中国氢能产业发展报告 2020》，2020 年我国轻烃裂解的副产氢供应潜力为 30 万 t/年；2018 年合成氨/醇副产氢供应潜力达到 118 万 t/a。我国焦炭和烧碱等相关化工产业制备工艺比较成熟，未来焦炉煤气副产氢和氯碱工业副产氢在生产规模上将基本维持平稳。丙烷脱氢和乙烷裂解副产制氢纯度高，释放氢气供给的潜力大。丙烷脱氢后粗氢的纯度已经高达 99.8%，变压吸附提纯后可达 99.999%。乙烷裂解产生的氢气纯度也同样在 95% 以上，提纯后可满足燃料电池用氢标准的要求。

3. 存在问题

1) 目前国内从事氢气提纯的企业较少，生产规模不大，车用高纯氢产量不足，而且分布不均；国内氢气运输当前只能采用管束车或高压储氢瓶运输，运输成本高昂。加氢站的关键零部件，如加氢枪、高压管线、管件、阀门等，当前仍依赖进口，大幅度提高了建站成本，延长了建站周期。

2) 工业副产制氢是良好的解决方案，大规模的氯碱装置、丙烷脱氢装置、乙烷裂解装置可为周边地区的氢气供应提供保障，理论制氢规模足以满足燃料电池汽车的短中期需求。但工业副产氢气受限于主产品的产能，制氢规模存在天花板，长期必将遇到产能瓶颈。

2.4 其他制氢方式

除了化石能源制氢、水电解制氢以及工业副产氢之外，还有化工原料制氢以及生物质制氢、光催化制氢等其他制氢方式。其中化工原料制氢主要指醇类、氨类分解制氢，主要有甲醇制氢和氨分解制氢。

1. 甲醇制氢

甲醇制氢主要包括甲醇裂解制氢、甲醇蒸汽转化制氢以及甲醇部分氧化法制氢。

1) 甲醇裂解制氢：甲醇裂解是指在 300℃ 左右、催化剂存在下甲醇气相催化裂解，通常用于合成气制备，也可通过进一步分离获得高纯一氧化碳和氢气，氢气纯度可达 99.999%。该技术成熟，适用于科研实验小规模制氢场合。

2) 甲醇蒸汽转化制氢：在一定温度和压力条件下，甲醇和水（除盐水）按照一定的配比混合、加热，在催化剂的作用下发生重整反应产生 H_2、CO_2、以及少量 CO 等气体，再经过 CO 变换以及 H_2 提纯等生产过程获得一定纯度的氢气。相比传统的制氢方法，甲醇蒸汽转化制氢具有许多优点，如工艺操作简单，设备投资小，制氢原料来源广泛且价格低廉，生成的氢气纯度高，制氢规模相对灵活等；但另一方面，甲醇蒸汽转化制氢同样也存在一些技术难点，比如需要外部环境提供大量的热，反应的动态响应比较慢等。目前甲醇蒸汽转化制氢的技术相对比较成熟，是一种十分符合市场需求的工业制氢方法。

3) 甲醇部分氧化法制氢：通过甲醇的部分氧化（1mol CH_3OH 和 0.5mol 的 O_2 反应生成 2mol 的 H_2 和 1mol 的 CO_2）实现系统自供热，大幅提高能源利用效率，以期进一步降低制氢成本。

2. 氨分解制氢

液氨储运氢是指氢与氮气在催化剂作用下合成液氨，以液氨形式储运氢气，使用时，液氨在常压、约400℃下分解放氢。氨分解制氢技术无CO污染，流程简单，储存安全可靠，价格相对低廉。氨-氢这一方式是化学储氢技术路线中的一种，从技术角度来看，氨能是一种以氨为基础的新能源，既可以与氢能融合，解决氢能发展的重大瓶颈问题，也可以作为直接或者间接的无碳燃料直接应用，是高温零碳燃料的重要技术路线。

3. 生物质制氢

生物质制氢是指利用微生物在常温常压下进行酶催化反应制得氢气，包括从水、有机废物或生物质等可再生资源中制取氢气。微生物通过厌氧发酵或光合作用产生氢气，此外藻类及蓝细菌等微生物也可用于制取生物氢气。目前生物质制氢主要有直接生物光解技术、间接生物光解技术、光发酵技术、暗发酵技术、混合发酵技术等。生物质制氢不涉及排放问题，并且对能源要求低，但是整体制氢效率较低，目前还处于初期研究阶段。

4. 光催化制氢

光催化制氢的原理是直接利用太阳能，在光催化剂的协助下，将水分解产生氢气。这种方法直接利用一次能源，没有能源转换所产生的浪费，理论上简单高效。目前，光催化分解水反应所得到的氢气是被公认的高效、清洁、可持续的再生能源，但这种制氢方法仍处于初期研发阶段，技术难点是催化剂研制，存在制氢效率低（<4%）等问题。

2.5 氢能供给体系发展方向

未来的氢能供给体系将朝着低碳化、安全化、经济性的大趋势发展，低碳化是指氢能供给体系特别是制氢环节将由高碳逐步转向低碳的过程，安全化是指最大程度上消除氢在生产过程中可能发生的泄漏、爆炸等安全隐患，经济性是指降低制氢的成本。

2.5.1 低碳化

当前能源系统正处于由高碳逐步转向低碳的过程，作为能源载体，氢能也不例外。但受限于资源禀赋、技术现状、经济性等诸多原因，这个过程不是一蹴而就的，需要经过长时间的规划和发展。在这段时间内，中短期来看，以煤制氢、天然气制氢为主的化石能源制氢仍将活跃在制氢产业的舞台，但需降低其碳足迹，提高化石能源的清洁、低碳化利用，这是由"灰氢"转化为"蓝氢"的过程；长期来看，可再生能源制氢才是解决制氢行业碳排放问题的根本途径，随着水电解制氢技术的发展，当水电解制氢实现与煤制氢平价时，化石能源制氢将被可再生能源逐渐替代，但仍以小规模生产形式存在（增加了CCS），这是由"灰氢为主"到"绿氢为主，蓝氢为辅"的过程。

在"灰氢"转化为"蓝氢"的过程中，煤制氢、天然气制氢等技术仍然是最为成熟且成本具有显著优势的，我国丰富的煤炭资源，可在保障能源安全的前提下满足我国的氢能需求。为控制氢气制取环节的碳排放，化石能源制氢需结合碳捕集与封存（CCS）技术。CCS是一项有望实现化石能源大规模低碳利用的新技术，结合煤制氢路线单位氢气生成二氧化碳的平均比例，增加 CCS 后煤制氢成本约增加 6.3~10.8 元/kg H_2，相比水电解制氢仍然具有较好的经济性。当前，国内 CCS 技术尚处于探索和示范阶段，需要通过进一步开发技术来推动能耗和成本的下降，并拓展二氧化碳的利用途径。

在由"灰氢为主"到"绿氢为主，蓝氢为辅"的过程，可再生能源制氢的成本将逐渐接近煤制氢等化石能源制氢，可再生能源制氢将替代化石能源制氢成为最主要的制氢方式。同时，受自然因素等方面的影响，化石能源制氢在我国仍将保持一定规模，其产生的二氧化碳排放也需继续依赖 CCS 技术进行捕集、利用和封存，实现化石能源的清洁利用。因此，未来我国在构建以绿氢为主导的氢能供应体系的过程中，需依赖 CCS 技术降低化石能源制氢所带来的二氧化碳排放。

2.5.2 安全化

产业发展，安全先行，任何产业的发展都离不开充足的安全保障。而氢气属于危险化学品，具有易燃易爆的特性，在生产和使用过程中更应该重视安全问题。在氢能发展过程中，任何时候都要把安全作为氢能产业发展的内在要求、把其放在首要位置，具体体现在氢安全方面相关制度和标准体系的建立、安全风险的预防和管控以及产业安全培训的强化。

首先是制度和标准体系的建立。需要不断细化加强氢能安全监管制度，建立健全氢能全产业安全标准规范，强化安全监管，落实企业安全生产主体责任和部门安全监管责任，落实地方政府氢能产业发展属地管理责任，提高安全管理能力水平。

其次是在整个产业链条包括制、储、输、加、用等各细分产业链提高重大安全风险的预防和管控，提升全过程安全管理水平，确保氢能利用安全可控。推动氢能产业关键核心技术和安全技术协同发展，加强氢气泄漏检测报警以及氢能相关特种设备的检验、检测等先进技术研发。积极利用互联网、大数据、人工智能等先进技术手段，及时预警氢能生产储运装置、场所和应用终端的泄漏、疲劳、爆燃等风险状态，有效提升事故预防能力。

最后是要加强应急能力建设，加强生产环节相关人员的氢能安全培训考核，鼓励研究制定氢能突发事件处置预案、处置技术和作业规程，强化地区的氢安全培训体系。

2.5.3 经济性

对于化石能源制氢、工业副产氢提纯、化工原料制氢以及水电解制氢四大制氢路线，各制氢技术成本的差异也是非常悬殊的。在所有制氢技术中，煤制氢的制氢成本最低，大部分煤制氢的每千克氢气的制取成本可控制在 10 元左右，当煤处于较低售价时，每千克氢气的制取成本甚至可低至 6 元；我国天然气制氢的每千克氢气的制取成本约为 18 元，国际上天然气制氢的成本为9~17元；副产氢的每千克氢气的制取成本为13~17元；水电解制氢的每千克氢气的制取成本为10~60元。之所以水电解制氢成本范围较大，主要是由于各地区、各类型电力的价格不同，比如西北地区的可再生能源电力若在未来可低至 0.1 元·$(kW·h)^{-1}$，则水电解制氢的每千克氢气制取成本可以低至10元以下，与煤制氢成本基本持平。而这仅仅是制氢环节的成本，再加上储运环节和加注环节的成本，和现有的传统燃料相比，除了煤制氢以及使用廉价可再生能源电力制氢外，其他制氢方式还不具备良好的经济性。

显而易见，未来要推广氢能的大规模应用，降低制氢环节的成本至关重要，如何将氢能的成本降低到与传统化石能源成本或者可替代的化工原料成本基本持平，关乎氢能行业的壮大以及发展拐点的到来。

思考题

1. 比较化石能源制氢、水电解制氢、工业副产氢、甲醇制氢的成本区间，并画图，探索原料成本以及制氢成本之间的关系。

2. 水电解制氢路线的主要技术有哪些？水电解制氢的理论耗电量为多少？实际耗电量的范围是多少？

3. 工业副产氢路线的主要技术有哪些？工业副产氢发展受到哪些因素的影响？

4. 除了主流的四大制氢路线，目前还有哪些新型制氢技术？

第 3 章 氢能的储存、运输与加注

氢气的储存、运输和加注工程,是产业化实施中的重点,需考虑其物理和化学特性,氢气可以以气态、液态、固态的形式储存,也可以被吸氢材料所吸附或与其发生反应,因此,需要根据氢气的这些特性来开发相应的储运技术。高效率、低成本的储运和加氢技术是氢能大规模产业化应用的必要保障,也是氢能应用亟须攻克的难点之一。

3.1 氢能的储存

储氢技术作为氢气从生产到利用过程中的桥梁,是指将氢气以稳定形式的能量储存起来,以方便使用。目前,氢气储运主要有四种路径:高压气态储氢、低温液态储氢、固态储氢(物理吸附和化学氢化物)以及有机液体储氢,见表 3-1。此外,还有化合物(甲醇、氨)储氢等新型储氢方式,常见的储氢技术是高压气态储氢技术以及低温液态储氢技术。

表 3-1 储氢技术路线参数、优劣势对比

	高压气态储氢	低温液态储氢	固态储氢	有机液态储氢
单位质量储氢密度(%)	1.0~5.7	5.7~10	1.0~4.5	5.0~7.2
优点	充放氢速率快,结构相对简单,能耗低,成本低	储氢密度高,液氢纯度高,安全性能好	体积储氢密度较大,能耗低,安全性能好	储氢密度高,可用管道运输,安全性能好
缺点	体积储氢密度较低,存在泄漏、爆炸等安全隐患	容易蒸发,液化过程能耗较高,成本偏高,对保温材料要求较高	充放速率较慢,质量储氢密度低,储氢成本偏高	加/脱氢装置配置较高;脱氢反应在高温下进行,导致催化剂易失活;贵金属催化剂成本高,非贵金属催化剂效率低

(续)

	高压气态储氢	低温液态储氢	固态储氢	有机液态储氢
应用场景	技术成熟,主要应用于交通运输、工业、发电、储能等领域	技术较为成熟,主要应用于航空航天领域、电子行业	技术尚未成熟,目前仍处于技术攻关阶段	技术尚未成熟,目前仍处于技术攻关阶段

3.1.1 高压气态储氢

高压气态储氢技术是指在高压条件下,将氢气压缩并注入储氢瓶中,让氢气以高密度气态形式储存的一种技术,广泛应用于加氢站及车载储氢领域。研究表明,氢气质量密度随压力增加而增加,在 30~40MPa 时,氢气质量密度增加较快,而压力达 70MPa 以上时,氢气质量密度变化很小。因此大多储氢瓶的工作压力在 35~70MPa 范围内,这类储氢瓶属于高压气态储氢瓶,并根据不同应用场景分为车载高压储氢、运输高压储氢罐、固定式高压气态储氢。高压气态储氢瓶分为四个类型:全金属气瓶(Ⅰ型瓶)、金属内胆纤维环向缠绕气瓶(Ⅱ型瓶)、金属内胆碳纤维全缠绕气瓶(Ⅲ型瓶)和非金属内胆碳纤维全缠绕气瓶(Ⅳ型瓶)。目前高压储氢容器已经逐渐由全金属气瓶(Ⅰ型瓶)发展到非金属内胆碳纤维全缠绕气瓶(Ⅳ型瓶)。随着应用端的应用需求不断提高,高压储氢瓶朝着轻质高压的方向发展。不同类型的高压储氢瓶性能对比见表3-2。

表 3-2 不同类型的高压储氢瓶性能对比

	Ⅰ型瓶	Ⅱ型瓶	Ⅲ型瓶	Ⅳ型瓶
材料	全金属气瓶	金属内胆纤维环向缠绕气瓶	金属内胆碳纤维全缠绕气瓶	非金属内胆碳纤维全缠绕气瓶
压强/MPa	17.5~20	26~30	30~70	>70
质量储氢密度(%)	≈1	≈1.5	2.4~4.1	2.5~5.7
体积储氢密度/($g \cdot L^{-1}$)	14~17	14~17	35~40	38~40
使用寿命/年	15	15	15~20	15-20
成本	低	中等	高	高
应用场景	加氢站等固定式储氢	加氢站等固定式储氢	氢燃料电池汽车	氢燃料电池汽车

1. 全金属气瓶

金属压力容器的发展是由 19 世纪末的工业需求带动的,特别是储存二氧化碳以用于生产碳酸饮料。早在 1880 年,锻铁容器就被报道用于氢气的储存并用于军事用途,储氢压力可达 12MPa。19 世纪 80 年代后期随着英国和德国发明了通过拉伸和成型制造的无缝钢管制成的压力容器,金属压力容器的储气压力大大提升。到 20 世纪 60 年代,金属储氢气瓶的工作压力已经从 15MPa 增加到 30MPa。全金属储氢气瓶，即 I 型瓶，其制作材料一般为 Cr-Mo 钢、6061 铝合金、316L 不锈钢等。由于氢气的分子渗透作用，钢制气瓶很容易被氢气腐蚀出现氢脆现象，导致气瓶在高压下失效，出现爆裂等风险。同时由于钢瓶质量较大，储氢密度低，质量储氢密度在 1%~1.5%，一般用作固定式、小储量的氢气储存。

2. 纤维复合材料缠绕气瓶

纤维复合材料缠绕气瓶包括金属内胆纤维环向缠绕气瓶（II 型瓶）、金属内胆碳纤维全缠绕气瓶（III 型瓶）和非金属内胆碳纤维全缠绕气瓶（IV 型瓶）。最早于 20 世纪 60 年代在美国推出，主要用于军事和太空领域。1963 年，Brunswick 公司研制了塑料内胆玻璃纤维全缠绕复合高压气瓶，用于美国军用的喷气式飞机的引擎重启系统。复合材料增强压力容器具有破裂前先泄漏的疲劳失效模式，可大大提升高压气瓶的安全性。

II 型瓶采用的是环向增强，纤维并没有完全缠绕，工作压力可达 26MPa~30MPa。但由于其缠绕的内胆仍然是钢制内胆，并没有减轻气瓶质量，质量储氢密度和 I 型瓶相当，应用场景受限。

III 型瓶和 IV 型瓶是纤维复合材料缠绕制造的主流气瓶，主要由内胆和碳纤维缠绕层组成，主要区别是 III 型瓶为金属内胆，IV 型瓶为非金属（聚合物）内胆。III 型瓶和 IV 型瓶的纤维复合材料以螺旋和环箍的方式缠绕在内胆的外围，以增加内胆的结构强度。衬垫作为氢气与复合层之间的屏障，防止氢气从复合层基材的微裂纹中泄漏。

目前在氢燃料电池汽车上应用的车载储氢瓶主要是 35MPa 的 III 型储氢瓶和 70MPa 的 IV 型储氢瓶。我国高压储氢瓶技术起步较晚，当前高压储氢瓶主要以成熟的 35MPa III 型瓶产品为主，开发的氢燃料电池汽车也以搭载 III 型瓶为主，IV 型瓶产品相对较少，主要受限于碳纤维材料的开发以及纤维缠绕加工等技术。国外如日本、韩国、美国、欧洲等国家和地区已将 70MPa IV 型储氢瓶批量化应用，尤其是在汽车领域已经成功商用。2000 年，美国 Quantum 公司开发出了 TriShield 高压储氢气瓶，其采用了聚乙烯内胆碳纤维全缠绕结构，公称工作压力为 35MPa。2001 年，Quantum 公司又研制成功公称工作压力为 70MPa 的 TriShield10 高压储氢气瓶。在车载领域最具代表性的是日本丰田 Mirai 汽车，搭载了 3 个塑料内胆纤维缠绕的 IV 型储氢瓶（图 3-1），其额定工作压力为 70MPa，储氢密度高达 5.7%，容积为 122.4L，储氢总量为 5kg。

高压储氢瓶是车载氢系统中的核心部分，目前我国使用的主流产品为 III 型瓶（压力 35MPa）。《车用压缩氢气铝内胆碳纤维全缠绕气瓶》（GB/T 35544—2017）是我国进行车载储氢瓶产品认证的主要标准，包括拉伸试验、气密性试验、水压试验和火烧试验等。2020 年 10 月，国内首次制定的团体标准《车用压缩氢气塑料内胆碳纤维全缠绕气瓶》（T/CATSI 02007-2020）正式发布并开始实施，该标准除对气瓶性能提出要求外，还对气瓶制造过程提出了技术要求，如气瓶塑料内胆与氢气相容性评定方法、气瓶塑料内胆焊接工艺评定和无损检测方法、气瓶气密性和泄漏检测方法、气瓶用密封件性能试验方法等。

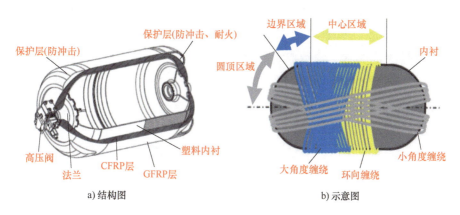

图 3-1　Ⅳ型储氢瓶结构及示意图

在运输用高压储氢罐方面，目前常用的是长管拖车（鱼雷车）的高压储氢罐，大部分运输压力为 20MPa，1kg 氢气从常压升到 20MPa 大约需要用电 2kW·h。当前每个长管拖车一般由 6~8 个高压钢瓶组成，每车载约 260~460kg 的氢气。这种运输方式在 300km 以内经济性相对较好（150km 时经济性最好），是目前最常用的运氢方式，卸气一般需要 2~6h。

在固定式储氢方面，高压气态储氢主要有 45MPa 大直径储氢长管、45MPa/98MPa 钢带缠绕式储氢罐、储氢球罐等。固定式高压气态储氢罐主要应用于加氢站和制氢场内的储氢需求，及电厂内储存高压氢气的储氢需求。

高压气态储氢是目前最为常用的储氢技术，充装时无需对氢气进行降温处理，在常温下可以直接进行压缩，同时具有设备结构简单、成本相对低廉、充装和排放速度较快、操作方便快捷等优点，在储氢技术中占据主导地位；但在高压的作用下，一般氢气储运材料易出现氢脆现象，存在泄漏和爆炸风险，而且由于储运过程中需要高压，在压缩过程会有较大的能耗。

3.1.2　低温液态储氢

低温液态储氢是在 20K（-253.15℃）左右温度下，利用压缩机将氢气液化并储存在低温绝热的真空容器中。在标准大气压下，低温液态储氢瓶中液氢的密度为 70.75kg/m^3，是 35MPa 高压气态储氢瓶中氢气密度（约 20kg/m^3）的 3 倍多，70MPa 高压气态储氢瓶中氢气密度（约 38kg/m^3）的 1.8 倍左右。低温液态储氢罐的质量储氢密度可以达到 5.7% 以上，体积储氢密度高，并且液化过程使液氢的纯度更高。从运输能力来看，低温液态储氢是非常理想的储氢技术，目前常用的液氢槽罐车容积大约为 65m^3，一次可以运输液氢约 4000kg，运输能力可以达到 20MPa 高压气态储氢的十倍。

由于液氢需要储存在 -253℃ 的环境下，与外界环境温差极大，容易出现蒸发损失，因此对容器的绝热要求很高。通常为避免或减少液氢的蒸发损失，液态储氢罐必须是真空绝热的双层壁不锈钢容器，双层壁之间除保持真空外还要放置薄铝箔来防止辐射，储氢罐的体积大约为液氢体积的2倍。此外，目前液化1kg氢气需要耗电11~12kW·h，相比高压气态储氢，压缩液化的能耗非常高，导致成本增加。因此低温液态储氢适用于大规模、远距离场景的氢气储运，可以在整个储运环节摊薄单位质量氢气的运输成本，使低温液态储氢更具经济性。

表3-3为储存相同质量（90g，体积为1Nm^3）氢气的气态、液态和固态三种储氢系统的性能比较，由表3-3可以看出，储存相同质量的氢时，液氢所需的储器容积和总质量均远低于气态储氢系统，且液氢具有明显高于储氢合金和汽油的质量储能密度。因此，在成本合适的情况下液态储氢是一种较为理想的储氢技术。

表3-3 储氢系统比较（储存90g氢气）

	储器容积/L	总质量/kg	工作压力/MPa
压力容器	10	17	0~10
Fe-Ti 固态储氢	1.0	6.5	0.5~3
液氢	1.3	4.0	0.1

正仲氢转化技术和液氢储存容器是目前液态储氢的重要环节。

1. 正仲氢转化

正仲氢转化是氢气液化过程中需要解决的一项关键技术。氢通常是正氢和仲氢的混合物，且平衡氢中正/仲氢的浓度比是温度的函数。在常温下，平衡氢是含75%的正氢和25%的仲氢的混合物，称为正常氢（或标准氢），用符号n-H$_2$表示。

当温度降低时，具有高能态的正氢会自发地转化为低能态的仲氢，使得仲氢浓度不断上升，并释放转化热。液态氢在没有催化剂的情况下也会发生正-仲氢转化，但速率极为缓慢，如果将氢气直接液化，转化过程将在储氢储存容器中进行。由于正氢向仲氢的自发转化是一个放热过程，释放的热量高于液氢的汽化潜热，因此这一过程会造成储氢容器中液氢的蒸发。液氢蒸发产生的气态氢不仅会导致储氢容器内的压力升高，对储氢容器产生损伤，还会降低液氢无损储存的时间，增加氢再液化的能耗。因此，正仲氢转化过程必须在氢液化过程中完成，由于自发转化过程极为缓慢，需采用催化剂加快转化过程，目前我国采用的正仲氢转化催化剂主要依赖进口。

2. 液氢储存

液氢储运是液氢产业链的关键环节，是连接液氢工厂和液氢用户的纽带，直接影响氢源的地域配置优化。液氢的储存需使用具有良好绝热性能的低温液体储存容器，也称液氢储罐。液氢储罐有多种类型，根据其使用形式可分为固定式、移动式、罐式集装箱等，按绝热方式可分为普通堆积绝热和真空绝热两大类。

普通堆积绝热液氢储罐主要通过降低固体和气体导热、降低漏热量实现绝热，具体做法是在储罐表面制造夹层空间，填装绝热材料后对夹层进行抽真空处理，常用绝热材料包括固体泡沫、粉末、纤维等。普通堆积绝热液氢储罐成本较低，但由于夹层真空度较低，因此绝热性能较差，一般用于需现场制氢的大型液氢储罐。真空绝热液氢储罐则主要通过夹层空间内的高真空度实现绝热，根据夹层内使用材料的不同分为单纯真空绝热、真空多孔材料绝热、高真空复合多层缠绕绝热和高真空单层多层缠绕绝热等。高真空度绝热液氢储罐结构较为简单，但由于真空度要求较高，因此成本较高，一般适用于小型的液氢存罐。液氢储罐绝热结构的选择需考虑储罐容积、形状、蒸发率、成本等多方面因素。

(1) 固定式储氢

固定式液氢储罐一般用于大容积的液氢储存（>330m^3），固定式液氢储罐可采用多种形状，常用的包括球形储罐和圆柱形储罐。研究表明，液氢储罐的漏热蒸发损失与储罐的表面积与容积的比值（S/V）成正比，而球形储罐具有最小的表面积容积比，同时具有机械强度高、应力分布均匀等优点，因此球形储罐是较为理想的固定式液氢储罐，但球形液氢储罐加工难度大、造价高昂。美国国家航空航天局（NASA）常使用的大型液氢球形储罐直径为25m，容积可达3800m^3，日蒸发率<0.03%，而NASA最大的液氢球形储罐的储氢体积达到12000L，用于火箭燃料储存。我国自行研制的大型固定式液氢储罐多为圆柱形。

(2) 移动式储氢

由于移动式运输工具的尺寸限制，移动式液氢储罐常采用卧式圆柱形，通常公路运输的液氢储罐最大宽度限制为2.44m。移动式液氢储罐采用的运输方式包括公路运输、铁路运输及船运等。移动液氢储罐的容积越大，蒸发率越低，船运移动式储罐容积较大，910m^3的船运移动式液氢储罐其日蒸发率可低至0.15%；铁路运输107m^3容积储罐日蒸发率约为0.3%；公路运输的液氢槽车日蒸发率较高，30m^3的液氢槽罐日蒸发率约为0.5%。移动式液氢储罐的结构、功能与固定式液氢储罐并无明显差别，但移动式液氢储罐需要具有一定的抗冲击强度，能够满足运输过程中的加速度要求。

(3) 罐式集装箱

液氢储存的罐式集装箱与液化天然气（LNG）罐式集装箱类似，空气产品（Air Products）、林德（Linde）和法国液化空气（Air Liquide）等公司均有成熟产品，长度40ft（1ft=0.3048m）罐式集装箱的日蒸发率可低至0.5%。罐式集装箱可实现从液氢工厂到液氢用户的直接储供，减少了液氢转注过程的蒸发损失，且运输方式灵活，既能采用陆运，也可进行海运，是一种应用前景较好的液氢储存方式。

3.1.3 固态储氢

固态储氢方式的工作原理是利用某些特殊材料具有吸附氢气的特性实现对氢气的储存和运输。储氢时使氢气与材料反应或吸附于材料中，需要用氢时再将材料加热或减压释放氢气，能够很好地解决传统储氢技术储氢密度低和安全系数差的问题，具有高储存容量、运输安全和经济性良好的重要特征。

这种储氢方式的发展和应用需要依赖储氢材料的开发和利用，高性能储氢材料的开发是促进氢能源推广应用的关键途径之一。根据吸氢机理的差异，储氢材料可以分为物理吸附储氢材料和化学储氢材料两大类。

1. 物理吸附储氢材料

物理储氢方式的主要工作原理是利用范德华力在比表面积较大的多孔材料上进行氢气的吸附。利用多孔材料进行物理储氢的优点是吸氢-放氢速率较快、物理吸附活化能较小、氢气吸附量仅受储氢材料物理结构的影响。物理吸附储氢材料主要包括：碳基储氢材料、无机多孔材料、金属有机骨架（MOF）材料、共价有机骨架（COF）材料。

（1）碳基储氢材料

碳基储氢材料因种类繁多、结构多变、来源广泛而较早受到关注。鉴于碳基材料与氢气之间的相互作用较弱，材料储氢性能主要依靠适宜的微观形状和孔结构。因此，提高碳基材料的储氢性一般需要通过调节材料的比表面积、孔道尺寸和孔体积来实现。碳基储氢材料主要包括活性炭、碳纳米纤维和碳纳米管。

（2）无机多孔材料

无机多孔材料主要是具有微孔或介孔孔道结构的多孔材料，包括有序多孔材料（沸石分子筛或介孔分子筛）和具有无序多孔结构的天然矿石。沸石分子筛材料和介孔分子筛材料具有规整的孔道结构和固定的孔道尺寸，结构上的差异会影响到材料的比表面积和孔体积，进而影响到材料的储氢性能。

沸石分子筛的氢吸附等温线与脱附等温线基本重合，表明氢在沸石分子筛微孔中的吸附为物理吸附。因此，沸石分子筛吸附的氢可以全部释放，储氢材料可循环利用。与沸石分子筛相比，介孔分子筛的孔道尺寸较大、比表面积和孔体积较大，更利于氢气的吸附。因此从原理上说，介孔分子筛材料的储氢性能会稍优于沸石分子筛材料。

（3）MOF 材料

MOF 材料是由金属氧化物与有机基团相互连接组成的一种规则多孔材料。因为 MOF 材料具有低密度、高比表面积、孔道结构多样等优点而受到了广泛关注。MOF 家族中储氢能力最强的是 MOF-177，该材料在 77K、7MPa 条件下的储氢量可达 7.5 wt%[⊖]，但常压储氢量仅为 1.25 wt%。

改善 MOF 材料储氢性能的途径主要包括：调整骨架结构；掺杂低价态金属组分；掺杂贵金属；在有机骨架中引入特殊官能团。经改性处理，MOF 材料的储氢性能有所改善，但仍无法达到碳基储氢材料的水平。

（4）共价有机骨架（COF）材料

COF 材料是在 MOF 材料基础上开发出来的一种新型多孔材料，具有比表面积高、密度

⊖ wt%的含义是质量百分浓度。

低、结构可调控性强以及热稳定性高等优势,其储氢性能与它的物理结构(包括孔体积、孔结构和晶体密度)有直接关系。由于 COF 材料的骨架全部由非金属的轻元素构成,因此 COF 材料的晶体密度较低,更有利于气体的吸附。

研究表明,COF 材料对氢气的吸附无论在低压或高压范围、低温或高温范围都是可逆的物理过程,其储氢性能都比较理想,比 MOF 有所提高。不过对 COF 材料的一系列研究工作目前还欠缺实际的实验数据,仅仅处于计算机模拟阶段,对 COF 材料的储氢机理的研究也有待完善,常温下的储氢性能亦有待提高。COF 材料作为一种很有研究价值和发展前途的储氢材料在未来的氢能发展过程中必将发挥重要的作用。

2. 化学储氢材料

化学储氢材料的主要工作原理是氢以原子或离子形式与其他元素结合而实现储氢。基于化学机制的储氢材料主要包括:金属-合金储氢材料、氢化物储氢材料等。

(1) 金属-合金储氢材料

金属-合金储氢材料是研究起步较早的一类固体储氢材料,制备技术和制备工艺均已成熟。金属-合金类材料不仅具有超强的储氢性能,同时还具有操作安全、清洁无污染等优点。但金属或合金材料的氢化物通常过于稳定,与物理吸附类储氢材料相比,金属-合金储氢材料的储氢和放氢都只能在较高的温度条件下进行。金属-合金储氢材料可以分为镁系、钒系、稀土系、钛系、锆系、钙系等。

金属镁的储氢量可以达到 7.6 wt%,由于单质镁吸放氢温度过高,镁系储氢材料多为含镁复合材料或镁系合金(见图 3-2),其中,最有代表性的是 Mg-Ni 系列合金,此外,Mg-Pd 合金、Mg-Co 合金和 Mg-Fe 合金都表现出了良好的储氢性能,镁基固态储氢运输车如图 3-3 所示。金属钒在常温常压条件下可以吸氢和放氢,理论最高储氢量为 3.8 wt%。由于金属钒价格昂贵,目前还无法产业化应用。

图 3-2 镁基固态储氢材料

图 3-3 镁基固态储氢运输车

(2) 氢化物储氢材料

氢化物储氢材料主要包括配位铝复合氢化物、金属氮氢化物、金属硼氢化物和氨硼烷化合物。

配位铝氢化物是一类重要的储氢材料，表达通式为 M(AlH$_4$)$_n$，其中 M 可以是碱金属或碱土金属。配位金属氢化物在储氢领域的应用主要受限于氢化物的化学特点。这类材料吸氢后形成的产物化学性质过于稳定，放氢困难，导致吸放氢循环可逆性较差。改善配位铝氢化物储氢性能的方法是向材料中添加一定量的催化剂。

金属氮氢化物是十几年前被发现的一种新型储氢材料，结构通式为 M(NH$_2$)$_n$，其中 M 以碱金属或碱土金属为主。Mg(NH$_2$)$_2$-2LiH 在 0.1MPa 平衡氢压时的工作温度可以降低至 363K（89.85℃）左右，可以满足美国能源部制定的质子交换膜燃料电池（PEMFC）对车载氢源系统操作温度的要求。因此，这种新材料被寄予厚望，是有希望实现应用的车载氢源材料。

3.1.4 有机液态储氢

有机液态储氢是利用不饱和液体有机物等通过加氢反应将氢气固定，形成分子内结合有氢的液态化合物以实现储氢的功能，在需要使用氢气的时候进行脱氢，这个过程中，加氢和脱氢是可逆的。理论上，烯烃、炔烃以及某些不饱和芳香烃与其相应氢化物等都可以在不破坏碳环主体结构下进行加氢和脱氢。常见形成的液态化合物是环己烷、甲基环己烷等，其物理参数及储氢容量见表3-4。其中，储氢性能最好的是单环芳烃，苯和甲苯的理论储氢量都较大，是较有发展前景的储氢材料。与传统的固态储氢材料相比，液体有机氢化物储氢材料有以下优点：

1）液体有机氢化物的储存和运输简单，是所有储氢材料中最稳定、最安全的。
2）理论储氢量大，储氢密度也比较高。
3）液体有机氢化物的加氢和脱氢反应可逆，储氢材料可循环使用。

表 3-4　不同有机液体储氢介质的物理参数及储氢容量

储氢介质	熔点/℃	沸点/℃	理论储氢量/wt%
环己烷	6.5	80.7	7.19
甲基环己烷	-126.6	101	6.18
反式十氢化萘	-30.4	185	7.29
咔唑	244.8	255	6.7
乙基咔唑	68	190（1.33kPa）	5.8

与高压气态储氢、低温液态储氢和固态储氢相比，有机液态储氢具有高的质量和体积储氢密度；环己烷和甲基环己烷等在常温常压下呈液态，与汽油类似，可用现有管道设备进行储存和运输，安全方便，适合大规模、长距离、长期性的氢能储存和运输；催化加氢和脱氢反应可逆，具有储氢介质可循环使用等优势。但另一方面，有机液态储氢技术存在如下不

足；操作条件较为苛刻，催化加氢和脱氢的装置配置较高，导致成本较高；贵金属催化剂成本较高，且容易中毒失活；非贵金属催化剂成本低，但反应效率较低；反应过程容易发生副反应，导致释放的氢气纯度下降等。

3.2 氢能的运输

当前氢能产业已经进入快速发展阶段。由于氢气体积能量密度极低且液化困难，其运输成本远超过石油及天然气等传统燃料的运输成本。而且随着规模经济与技术进步导致的制氢成本下降，运输成本的比重还会不断增加。

氢气的运输包括集装格/箱、长管拖车、管道输氢、液氢槽车、液氢轮船等方法。集装格主要运输氢气钢瓶，单个工业氢气钢瓶的容积为 40L，压力为 15MPa，储氢为 0.5kg。通常一个集装格由 9~20 个氢气钢瓶组成，储氢 3~10kg，主要用于小规模场景，如实验室的氢气运输。100kg 以上的氢气运输方法主要是长管拖车、管道输氢和液氢运输。氢气的运输又可以分为高压气态运输、低温液态运输、管道运输三类，其中，集装格/箱、长管拖车属于高压气瓶运输，液氢槽车、液氢轮船属于液氢运输，管道输氢属于管道运输。

3.2.1 高压气态运输

高压储运是氢能储运的主要方式，高压氢气储运移动式压力容器（以下简称高压氢储运容器）作为氢能储运装备，在氢能行业中发挥着重要作用。高压氢储运容器在我国只有二十余年发展历史，但由于重视程度高、科技投入大、应用范围广、经验积累多，并且充分借鉴和吸收了国外的先进技术，我国部分高压氢储运容器产品已达国际先进水平。目前，国内各类型高压氢储运容器保有量已达 2500 台，近两年随着氢能的发展，保有量正在快速增加。

安全和效率是高压氢储运容器技术发展重要的两方面。高压氢储运容器通常穿行于公共安全重点区域，服务于公交等公共设施，一旦发生泄漏、火灾、爆炸等安全事故，将严重影响公共安全。因此，高压氢储运容器安全性一直受到高度重视，应当把安全性放在高压氢储运容器技术发展第一位，并出台一系列标准和规范，加强安全管理。此外，为满足氢能发展需要，高压氢储运容器技术需得到更快发展，根据该产品发展趋势，加大研究投入，解决发展中技术重点和难点，促进我国氢能产业健康发展。

1. 高压氢储运容器结构及分类

高压氢储运容器主要由大容积气瓶及附件，管路、阀门系统，安全附件及仪表，以及固定装置等组成的上装部分，与两轴或三轴半挂车等走行机构连接组成。其中，大容积气瓶用于高压氢气储存，是高压氢储运容器中的核心部件。

按照上装部分与走行机构连接方式不同，高压氢储运容器主要分为长管拖车、管束式集装箱以及气瓶集装箱 3 种结构类型。固定装置采用捆绑带等和走行机构永久性连接，称为长管拖车，如图 3-4 所示，通常单只气瓶容积介于 1000~4200L 之间。固定装置采用框架等结构和走行机构非永久连接，如单只气瓶容积介于 1000~4200L 之间，称为管束式集装箱，如图 3-5 所示；如单只气瓶容积介于 150~1000L 之间，且总容积小于 3000L，则称为气瓶集装箱，如图 3-6 所示。

图 3-4　运输氢气的长管拖车

图 3-5　运输氢气的管束式集装箱

图 3-6　运输氢气的气瓶集装箱

2. 高压氢储运容器应用特点

（1）总质量和体积限制

根据国内要求，公路运输长管拖车上装部分加半挂车等走行机构，总质量不超过35t，如采用三轴半挂车等走行机构，总质量不超过40t。管束式集装箱框架长度不超过12192mm，宽度不超过2438mm，集装箱体积是有限的。因此，若要提高高压氢储运容器单次氢气储运量，需提高气瓶压力等级或采用Ⅱ型、Ⅲ型、Ⅳ型等复合材料气瓶减轻自身质量。

（2）使用工况复杂多变

高压氢储运容器长期承受高压、临氢、充放氢疲劳等工况，在道路运输中要承受不同路况的振动载荷，以及交通事故、物体碰撞等外力冲击载荷造成的损伤等，复合材料气瓶还受到紫外线损伤、化学侵蚀等。作为移动式容器，需要在不同的公共道路、市区、厂区等穿行使用。因此，高压氢储运容器工作环境复杂多变，风险等级难以控制。

（3）容易泄漏，失效后果严重

相对于压缩天然气（CNG）、NF_3等其他气体，氢气分子较小，更容易泄漏，因此氢气储运装备密封性能要求高于其他气体储运装备。氢气爆炸极限为4.0%～75.6%（体积浓度），爆炸极限较宽，且引爆能量低，爆炸能量高。单台高压氢储运容器容积最大可达$37.8m^3$，如发生氢泄漏引发氢燃爆，失效后果远大于CNG、NF_3、He等气体储运容器。

（4）部分储运装备上装部分与走行机构使用寿命不匹配

根据《气瓶安全技术规程》（TSG 23—2021），大容积钢质无缝气瓶的设计使用年限为20年，复合材料气瓶设计使用年限为15年。而根据《机动车强制报废标准规定》，危险品运输半挂车报废年限为10年，半挂车达到10年使用年限后，交通部门要求长管拖车上装部分同走行机构一同报废，而管束式集装箱、气瓶集装箱可只报废走行机构，更换走行机构后，其上装部分可继续使用，造成上装部分与走行机构使用寿命不匹配。

3. 高压氢储运容器发展趋势

目前，国内高压氢气的主要储运容器仍采用工作压力为20MPa大容积Ⅰ型气瓶长管拖车、管束式集装箱，其占高压氢储运容器数量的95%以上。高压氢储运容器的发展趋势主要有高压化、大容积化、专用化和智能网联化。

（1）高压化、大容积化

提高储运容器的公称工作压力，增加储运容器的容积可有效提升高压氢储运容器的储运效率，因此高压氢储运气瓶逐步向大容积、高压化方向发展。

在大容积化方面，2019年10月英国压缩气体协会（BCGA）成立大型气瓶特别工作组，提出Megatube定义，即公称容积大于3000L且不超过15000L的无缝钢质或复合材料的大容积气瓶，美国Worthington Industries等公司正在研发相关产品。

另一方面，高压化也能有效提高运输效率，但是压力等级提高将引起气瓶内胆和缠绕层厚度增加，提高制造成本。提高储运压力要求氢气生产单位提高压缩机的压缩能力，提高了加注系统成本。美国 Hexagon Lincoln 公司对Ⅳ型运输大容积气瓶进行了经济计算，气瓶工作压力超过35MPa以后，气瓶制造成本将大幅度增加。我国某制造厂对运输高压氢气瓶进行了经济性核算，认为氢气运输用气瓶合适的压力等级应在 30~35MPa 之间。

（2）专用化

随着氢能产业化发展，高压氢储运容器也正在往两个专用化方向发展。

一类单纯作为储运设备。该类型储运设备主要是长管拖车和管束式集装箱，单瓶容积通常为 1000~4200L，气瓶公称工作压力为 20MPa，将来可能提高至 30~35MPa，主要用于从氢气工厂运输到加氢站，或其他氢气下游用户。

另一类作为储运和充装功能一体化的加氢站专用气瓶集装箱。美国和日本均开发了 45MPa、52MPa 气瓶集装箱，该类气瓶集装箱中的气瓶公称容积为 150~450L。该类气瓶集装箱除了具备氢气储存、运输功能外，在加氢站内还可利用气瓶集装箱中的高压气瓶和控制系统为氢能源汽车充氢，从而降低了对加氢站中压缩机和储存容器的要求，节约加氢站中压缩机和储存容器成本，法国液化空气、美国空气产品等先进气体公司已在国外部分加氢站使用 52MPa 气瓶集装箱。目前该类型气瓶集装箱在国际上应用较少，国内尚无该类型产品，但随着加氢站的进一步发展，该类产品有很好的应用前景。

（3）智能网联化

目前，以先进传感器、物联网、人工智能、大数据、云计算等技术为代表的新一代科学技术正在飞速发展，并将引领相关产业的变革。2015年国务院办公厅印发《国务院办公厅关于加快推进重要产品追溯体系建设的意见》（国办发〔2015〕95号），要求各地开展气瓶、电梯等产品安全追溯体系建设，推动产品制造过程信息化，这也将在高压氢储运容器上得到推广和应用。

中国特种设备检测研究院总结梳理了近20年长管拖车、管束式集装箱检验和事故案例，提出监测氢气储运容器温度、压力、速度、振动、应变、氢气泄漏量等参数，可以有效实现对高压氢储运容器日常运行中可能发生的泄漏、气瓶疲劳、火灾、交通事故、超压充装等实时监测和预警。目前我国已有相关企业开发了可动态监测压力、温度、定位、泄漏的传感器和相关软件，并开发了移动式压力容器动态监管平台，初步实现了高压氢储运容器动态风险评估、预警和应急处置功能。

开发高压氢储运容器参数监测传感器，不但有利于风险监控，还有利于使用单位调度，提高运行效率，快速获得市场认可，全国已有200余台高压氢储运容器使用了智能网联技术。随着氢能行业发展以及安全要求提升，将会有更多高压氢储运容器实现智能管理。

3.2.2 低温液态运输

早在20世纪，国外发达国家如美国、日本、法国就已经在航天领域大规模使用液氢，其中美国还率先在民用领域实现应用。这些国家对液氢的统一集中生产与运输和气氢的就地分散生产与运输两种方式进行了充分的调研，最终都选择了液氢运输的方式。

早期加氢站由于加注量小，可以采用在站制氢以及高压氢气储氢方式，但随着氢燃料电池汽车的普及，加氢站发展趋向大规模化，液氢储运作为大规模储运的更优选择，必将成为氢能储运的重要储运方式。此外，采用液氢储运方式的加氢站建造、运行成本低，促使加氢网络的快速搭建完善，有利于促成氢燃料电池汽车与加氢站建设的良性循环。

1. 陆运

液氢的陆运为公路或铁路运输，采用的运输工具为液氢槽车，公路或铁路液氢槽车一般装载圆柱形液氢储罐，公路运输的液氢储罐容积不超过 $100m^3$，铁路运输的特殊大容量液氢储罐容积最高可达 $200m^3$。

液氢也可以采用管道运输，但由于液氢温度极低，对液氢输送管路的低温性能和绝热性能要求较高，不适合远距离（>2km）输送，一般用于航天发射场或航天发动机试验场内的液氢输送。航天发射场往往需要将液氢由储罐运输到发射点，此时就需要采用管道运输，如美国肯尼迪航天中心发射场采用液氢管道将液氢由球形储罐运至440m外的发射点，使用的输送管路有20层真空绝热层。

2. 海运

液氢也可采用船舶进行海运，船上可装载较大容量的液氢储罐，将液氢由海路进行长距离的运输。用于海运的液氢储罐最大容积可达 $1000m^3$，且无须经过人口密集区域，相较于陆运更加安全、经济。日本、德国、加拿大都有液氢海运船。

加拿大与欧洲撰写的氢能开发计划 *Euro-Quebec Hydro-Hydrogen Pilot Project* 中，计划将液氢由加拿大运往欧洲，用于液氢在欧洲的储存、分配和使用，重点研究了如何在液氢船的甲板上安装多个液氢储罐。液氢海运是一种较好的液氢运输方式，但液氢船的核心技术难度较高，投入较大。

3.2.3 管道运输

1. 管道是可行的输氢方案

随着氢能发展利用技术的不断成熟和完善，大规模集中制氢和长距离输氢是未来趋势，而管道运输是大规模输氢最经济的方式。虽然管道能够大规模、有效地运输高压氢气，但管线建设的初期投资和时间成本很高。目前，由于天然气管网已相对完善，并且天然气管道对于中、低压氢气的运输相对安全，因而采用天然气和氢气混输被普遍认为是一种可行的氢气运输方案。

此外，风电和光电因其清洁无污染、成本较为低廉等特点受到广泛青睐，但由于具有间歇性、随机性等特点，大规模的电能难以有效储存，出现弃风、弃光现象，造成了严重的电力浪费。目前国际上广泛认为，掺氢天然气技术是解决弃风、弃光的有效途径之一。该技术将风/光能转化的部分电能用于水电解制氢，并将氢气以一定比例掺入天然气，形成掺氢天然气。由于氢气管道的造价约为天然气管道的2倍，因此可利用新建天然气管网或在役天然气管网将掺氢天然气输送至用户终端、加气站和储气库等，起到储能和电力负荷削峰填谷的作用，同时避免了新建输氢管道所需的高昂成本。此外，国际能源署研究了各种储能方式的电力成本（指平均化度电成本，英文缩写LCOE，是对储能电站全生命周期内的成本和储电量进行平准化后计算得到的储能成本，即储能电站总投资/储能电站总储电量），研究表明，掺氢天然气技术的储能电力成本最低。可见，向在役天然气管道掺入氢气能取得较好的经济效益，且大规模水电解制氢成本的降低将大大提高该技术的经济性。

2. 面临的挑战

我国天然气管网比较完善，管道规模大，分布范围广，向已有的天然气管道掺入氢气，有利于实现氢能的大规模运输。目前我国对掺氢天然气管道输送技术的研究多集中于科研院校，相关示范应用项目经验较少，整体来说，与发达国家还有较大差距。结合我国掺氢天然气管道输送技术发展现状，下面从基础设施、管材与装备、安全保障与标准体系、产业化与市场形成四个方面介绍国内发展掺氢天然气管道输送面临的挑战及应对策略。

（1）掺氢天然气基础设施规划与建设

2022年，我国发布的《氢能产业发展中长期规划（2021—2035年）》中明确了氢能的能源属性，确立了氢能的三大战略定位，并提出了"开展掺氢天然气管道、纯氢管道等试点示范"，这意味掺氢天然气的发展将迈出重要的一步。然而，目前我国掺氢天然气发展尚缺少国家层面的战略性统筹规划，相应的法律法规和产业政策等配套支撑也未完善。因此，应针对我国掺氢天然气产业发展现状及趋势，整合氢能、天然气、电力等产业链资源，规划部署掺氢天然气管道输送网络，因地制宜，有序推进掺氢天然气基础设施建设，促进掺氢天然气管道输送系统的可协调发展。

（2）掺氢天然气管道材料与关键装备

目前我国天然气管道与掺氢天然气的相容性研究已取得阶段性成果，但管材与真实掺氢天然气的相容性数据库仍不够完善。宜搭建多个掺氢天然气环境材料力学性能原位测试平台，建立金属及非金属管材掺氢相容性测试评价方法和性能指标，研究管材在真实掺氢天然气环境下服役性能劣化规律和机理，提出掺氢天然气管道失效控制方法，为相关项目的实施以及规范标准的制定提供有力支撑。同时，应加快掺氢天然气用压缩机、报警仪、混气撬等关键设备的研发，保障掺氢天然气管道输送系统的运行与安全。

（3）掺氢天然气管道输送系统安全保障技术及标准体系

掺氢天然气管网失效后的泄漏和爆炸问题较为复杂，今后需针对这些问题展开深入研究，同时数值模拟与试验结果是否吻合也亟待检验，为掺氢天然气管道输送涉及的掺氢比例选取、管道监测、风险评价等提供理论依据，以形成泄漏监测与防护、量化风险评价、应急处置等系统安全保障成套技术。针对国内外尚缺乏掺氢天然气管道输送专用标准规范问题，应研究建立符合我国国情的掺氢天然气管道设计、建造、运行、管理等一系列标准，形成既有针对性又有整体性的掺氢天然气管道规范体系，促进氢能产业发展。

（4）产业化与市场形成

我国掺氢天然气产业化处于初步发展阶段，除上述挑战外，还需构建"制氢-储/运氢-用氢-商业运营"一体化的产业体系，因地制宜、分区施策，形成适合我国掺氢天然气产业特点的多元化发展模式。在此基础上，应从国家政策税收、技术研发等层面出发，降低包括可再生能源制氢、气体运输、用户终端调试等在内的掺氢天然气系统成本，并保证其性能和使用寿命，为掺氢天然气市场形成提供支撑。同时，可通过氢能信息传播与教育、掺氢天然气应用示范等手段提高公众接受度，尽快实现掺氢天然气市场化。

3.2.4 其他运输方式

目前以高压气态储氢为主的氢气储运方式可以满足我国氢能产业在起步阶段的氢能供应需求。然而，由于其储氢密度较低，远距离运输经济成本较高，难以满足将来大规模氢气储运的需求。气态管道运输、液态运输、固态运输在大规模、远距离运输方面具有显著优势，但目前技术还不成熟。在此情况下，化学储氢等新型储运氢技术正受到越来越多的关注，主要包括甲醇储运氢、液氨储运氢等。

1. 甲醇储运氢

甲醇储运氢是利用氢气和二氧化碳合成甲醇，将甲醇作为氢的有效储运载体，并通过甲醇重整、分离纯化提取氢气，分解出来的氢气供燃料电池使用。甲醇常温下为液体，便于储存运输，同体积下能承载更多能量，且能与现有的加油站系统耦合使用，无须建设昂贵的加氢站。甲醇储运氢可解决目前高压和液态储氢技术存在的储氢密度低、压缩功耗高、运输成本高、安全性差等弊端。例如在2022年北京冬奥会期间的张家口液态阳光加氢站应用示范项目，利用可再生能源电力水电解制氢，并将氢转化为"绿色"甲醇等液体燃料，甲醇作为储氢载体运输到加氢站，再通过甲醇重整、分离纯化提取氢气。甲醇作为储氢载体，解决了高密度储运氢气的安全性问题，降低了氢气储运成本，可灵活调整产能，实现氢气的现产现用。

2. 液氨储运氢

2015年7月，作为氢能载体的液氨首次作为直接燃料用于燃料电池中。通过对比，发现液氨燃烧涡轮发电系统的效率（69%）与液氢系统效率（70%）近似。但液氨的储运比液氢容易很多，与丙烷类似，因此，液氨储氢技术被视为最具前景的储氢技术之一。在2021年10月日本发布的《第六次能源基本计划》中，日本政府首次提出发展氨能。目前全球八成以上的氨用于生产化肥，因此氨有完备的贸易和运输体系。所以，从理论上来看，可以用可再生能源生产氢，再将氢转换为氨，运输到目的地，这样极大降低氢的运输成本，并且提高运输的安全性能。

氨作为理想的储氢介质有望解决氢能产业发展存在的储运成本高、能量密度低和本质安全性弱等挑战性难题。国际上已陆续启动氨能源示范项目，例如美国能源部的 REFUEL 计划、欧洲西门子公司及日本 JGC 公司针对"可再生能源-氨-电"的示范项目等。发展氨作为清洁高效新能源，既能实现传统合成氨工业节能减排，又可贯通可再生能源和新能源产业，具有巨大的应用前景。

3.3 氢能的加注

随着产业规模的扩大，氢能基础设施已成为制约整个产业发展的重要因素。对于氢燃料电池汽车大规模商业化应用而言，加氢站的网络化分布是基本保障。加氢站既是氢燃料电池汽车等氢能利用技术推广应用的必备基础设施，更是氢产业的重要组成部分。作为氢能源产业发展的突破口，加氢站受到各个国家和地区的重视。我国也重点布局加氢站建设，并明确提出到 2030 年国内加氢站数量达到 1000 座的目标。截至 2022 年 1 月，全球累计建成加氢站约 700 座。其中，我国已累计建成 218 座，累计运营 178 座，美、日、德、法、韩目前累计运营加氢站总数为 457 座。但目前加氢站的数量还不足以满足氢能大规模商业化应用的需求，仍需加快加氢站等氢能基础设施的布局和建设。

现有加氢站主要有两种建设方式，分别是站内制氢供氢加氢站和外供氢加氢站。

1. 站内制氢供氢加氢站

站内制氢供氢加氢站配有制氢设备，可自行生产氢气，经过压缩后实现对外加气。主要的制氢技术路线包括水电解制氢、天然气重整制氢、可再生能源制氢等，站内制备的氢气一般需经纯化、干燥后再进行压缩、储存及加注等步骤。其中，水电解制氢和天然气重整制氢技术由于设备便于安装、自动化程度较高，且天然气重整技术可依托天然气基础设施建设发展，因而是当前主流的两种站内制氢方式，如图 3-7 所示。这类加氢站的氢气价格取决于维护成本、电价或燃料价格，基础设施成本取决于装置生产能力。

2. 外供氢加氢站

外供氢加氢站内无制氢装置，氢气通过长管拖车、液氢槽车或者氢气管道由制氢厂运输至加氢站，由压缩机压缩并输入高压储氢瓶内储存，最终通过氢气加气机加注到燃料电池汽车中使用。其主要可分为高压外供氢加氢站、液氢外供氢加氢站和副产氢管道外供氢加氢站三种形式，如图 3-8 所示。

高压外供氢适合小规模加氢站，氢气运输成本偏高，价格受距离影响大，基础设施成本较低。对于液氢外供氢，由于我国液氢技术尚未在民用市场普及，目前还未推广应用，不过

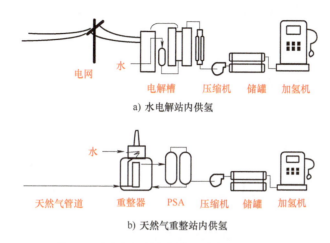

a) 水电解站内供氢

b) 天然气重整站内供氢

图 3-7 站内制氢供氢加氢站技术路线示意图

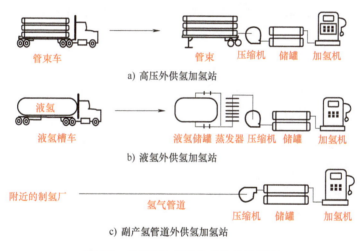

a) 高压外供氢加氢站

b) 液氢外供氢加氢站

c) 副产氢管道外供氢加氢站

图 3-8 外供氢加氢站技术路线示意图

这种形式将成为未来主流的供氢形式。副产氢管道外供氢加氢站可利用工业副产氢，获取氢气成本较低，但是加氢站选址相对受限。

3.3.1 加氢站的核心设备与常规配置

加氢站设备中的"三大件"包括压缩机、固定储氢设施、加氢机。这三大设备的性能参数决定了加氢站的整体加注能力和储氢能力。在建站规模确定的情况下，通过设备参数和设备数量的匹配，达到加氢站最优和最经济的设备配置。

1. 压缩机

压缩机（图 3-9）作为加氢站内的核心设备，承担了氢气增压的重要作用。目前国内加氢站常用的氢气压缩机主要有隔膜式压缩机、液驱式压缩机和离子液压缩机等。目前，国内加氢站用压缩机尚在研制过程中，主要还是依赖进口。国内有相当一部分加氢站设备供应商，采购进口的压缩机机头作为核心部件，配套辅助部件采用国内采购和组装的方式。这样，对于建设单位而言，不仅提高了设备的可靠性，同时也降低了设备采购成本。目前国内已建成或在建的 35MPa 加氢站较多采用隔膜式压缩机或液驱式压缩机。离子液压缩机由于价格较高，更适用于加注压力较高的 70MPa 加氢站。

图 3-9　压缩机示意图

（1）隔膜式压缩机

隔膜式压缩机具有特设的膜片，将被压缩的气体与外界隔开。金属膜片式隔膜压缩机采用液力驱动膜片，膜片可紧贴盖板穹形表面，因此相对余隙很小，而且气体与液体之间的膜片极薄，压缩过程中散热情况较好，最高排气压力可达 70MPa，但是由于膜片的变形量有限，处理的气体量一般较小。

（2）液驱式压缩机

液驱式压缩机的动力缸与往复泵的工作腔直接相通，往复泵的活塞通过液体（大多为油）驱动压缩机活塞完成气体的压缩。液驱式压缩机中部为对置式的两个气缸，柱塞为活塞，用来压缩氢气，上部为控制滑阀，用于释放动力缸中的油。这种结构可以做成多列，因此功率较大。

（3）离子液压缩机

离子液压缩机的构造简单，相比普通压缩机，零件大大减少，因此维护方便。离子液体本身几乎不可压缩，几乎没有蒸气压，可以替代金属在等温条件下产生高压，并且能长期运行而无须维护，节省能耗。目前在国外已用于部分天然气加气站和氢能供应站，最高排气压力可达到 90MPa 以上。

2. 固定储氢设施

目前国内近期建成或在建的加氢站主要采用高压储氢瓶组和高压储氢罐作为站内的固定储氢设施（图 3-10）。高压储氢设施具有氢气储存和压力缓冲作用，通过压力/温度传感器等对储存介质参数、安全状态等进行监测。加氢站氢气储存系统的工作压力越高或该工作压力与氢燃料电池汽车充氢压力差越大,氢燃料电池汽车充氢时间越短;氢气储存系统工作压力的提高也会使氢气压缩机开启频率降低。35MPa 加氢站通常采用最高储氢压力为 45MPa 的储氢罐,70MPa 加氢站通常还要增设最高储氢压力为 90MPa 的储氢罐。

图 3-10　固定储氢设施示意图

3. 加氢机

加氢机(图 3-11)的主要功能是为氢燃料电池汽车的车载储氢瓶进行加注。

加氢机的基本部件包括箱体、用户显示面板、加氢口、加氢软管、拉断阀、流量计、控制系统、过滤器、节流阀、管道、阀门、管件和安全系统等。另外,还包括一些辅助系统,如电子读卡系统(如收费系统)、多级储气优先控制系统、两种不同压力的辅助加氢口和软管、温度补偿系统和车辆信息整合控制系统。加氢机加注时有"焦耳-汤姆孙效应",导致氢气温度上升。因此加注过程中防止氢气温度不断升高是加氢机的关键性能之一。

图 3-11　加氢机示意图

4. 其他工艺设施

(1) 卸气柱

卸气柱是长管拖车与站内工艺管道间的接口,与拖车车位逐一对应。每组卸气柱上设有一根连接拖车的柔性软管、拉断阀、过滤器、单向止回阀、手动截止阀、安全阀及压力表。每组卸气柱均采用集中放散。作为加氢站与长管拖车的气源对接点,卸气柱出口管路上需设置紧急切断阀,以确保站内发生事故时,能够在第一时间切断气源。

(2) 顺序控制阀组

顺序控制阀组是实现加氢站加注取气自动化控制的重要组件,由一系列气动阀、电磁阀和压力传感器组成。现场压力传感器的实时压力数据上传至控制室内 PLC 控制柜,通过预制程序对工况进行判断,然后发出信号,控制现场氮气管路电磁阀的启闭,进而控制气动阀的启闭。

(3) 氢气管道系统

加氢站内的氢气工艺管线应具有与氢相容的特性,宜采用无缝钢管或高压无缝钢管,氢气管道的连接宜采用焊接或卡套接头;氢气管道与设备、阀门的连接可采用法兰或螺纹连接等。目前的加氢站设计中,氢气管道的连接主要采用卡套连接和锥面螺纹连接两种方式。

(4) 放散系统

加氢站的放散方式主要有超压安全泄放及手动放散。超压安全泄放主要是指压缩机、储罐、加氢机等设备通过氢气管路上设置的安全阀进行超压放散。手动放散的主要作用是在设备检修维护时,对设备和氢气管道进行泄压,泄压后采用氮气进行置换与吹扫,使储罐内氢气排放干净,确保设备检修维护时的安全性。

(5) 置换吹扫系统

加氢站通常采用氮气对设备和氢气管道进行吹扫置换。工艺装置区内设置专用的氮气集装格和氮气吹扫置换阀组,与氢气管道和设备氢气管路相连,连接处设置止回阀,止回阀及氢气端的管道设计压力需要与氢气设备或氢气管道的设计压力匹配,以防止高压氢气回流至氮气置换吹扫系统内。

(6) 仪表风系统

加氢站仪表风系统的主要作用是为加氢站工艺系统的气动阀门进行供气。若采用氮气作为仪表风气源,则通过氮气集装格、氮气仪表风阀组及仪表风管路为气动阀门进行供气。若采用压缩空气作为仪表风气源,则通过空气压缩机和仪表风管路为气动阀门进行供气。

3.3.2 加氢站运营管理

目前,针对加氢站的行业归口管理问题,国家尚未出台明确的政策。江苏、上海、广东等地将其纳入燃气行业管理,成都等地则将其列为危险化学品管理,管理要求还存在一定差异。但总的来说,虽然各地区的安全监管方式不尽相同,但对于加氢站的安全运营管理要求并没有明显的差异,主要包括:

1) 制定标准化操作流程。明确操作步骤及风险防控措施,保证加氢站的操作安全。

2) 加强设备管理。明确设备维护、保养、定检及大修管理要求,确保设备及零部件无缺陷。

3) 严抓产品质量管控。产品质量直接影响设备的故障率和使用寿命,是加氢站安全稳定运营的重要因素。

4) 加强成本管控。减少人工成本及主辅材料的消耗,降低运营成本,实现利润的最大化。

此外,未来还应重视加氢站的成本控制以及运营管理水平,建立科学的智慧监控平台来优化加氢的机制。

1. 加强成本控制，提升运营水平

提高氢能的加注和储存效率，降低氢气加注成本，是扩大氢能在交通行业应用规模的关键因素。实现办法是通过加氢站智能化控制系统和分级存储技术的研发，将传统的高压加注方式转换成为自动化分级加注，在实现加氢站自动化运行的同时，提高加氢站内氢气的利用效率，降低加氢站运营成本。

（1）优化加氢站整体工艺流程，实现各个设备和系统之间的协调控制

通过计算流体力学方法，建立氢气压缩机、氢气管路输送、氢气不同压力存储的物理和数学模型；然后针对不同的用氢需求场景，分析不同压力级别的氢气储存配置对整体能耗、整体成本的影响，找出优选的设计方案，进而指导加氢站整体的设计和运营，在关键技术优化过程中探索尝试。

（2）实现氢气快速升压和分级存储

在氢气储存过程中，因为焦耳-汤姆孙效应，会产生热量，进而引起储氢罐储氢温度的变化，不同温度下的温度系数和压缩因子产生变化。开展对氢气快速升压和分级存储的控制研究并确定最优的控制策略，提高分级储氢时参数匹配度，可有效提升站内氢气的利用效率。

2. 建立智慧平台

（1）加氢机氢气加注过程控制最优解

通过对氢气加注过程中氢气检漏、系统初始压力的测定、加注策略、氢气加注控制、氢气计量、储氢系统切换的研究，分析加氢机自主控制系统最优加注策略，调整自主控制系统的氢气加注速率，有效提高氢气利用率，并提高氢气加注效率。

（2）以智慧平台为客户提供科学决策

加氢站智慧监控平台（图3-12）是集数据管理、大数据分析等多功能于一体的运营平

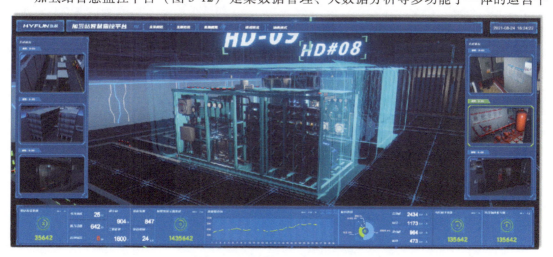

图3-12　加氢站智慧监控平台示意图

台，是加氢站成本管控的有效手段，可帮助客户实现全站信息数字化、通信平台网络化、信息共享标准化，全方位地管理加氢站的运营，并能通过大数据智能分析运营数据和移动端应用程序远程监控为客户的资源调度分配和战略决策提供理论依据。

思考题

1. 主流氢气储存技术有哪几大类？单位质量储氢密度各为多少？各有哪些应用场景？
2. 高压气态储氢的Ⅰ型瓶、Ⅱ型瓶、Ⅲ型瓶、Ⅳ型瓶的主要材料各是哪些？比较其储氢压强、储氢密度等物理参数。
3. 固态储氢的物理吸附储氢材料和化学储氢材料分别有哪些？分析其储氢原理。
4. 简述氢气高压气态储运容器的种类以及发展趋势和面临的问题。
5. 分析35MPa类型加氢站和70MPa类型加氢站的特点。

第 4 章 氢燃料电池

氢燃料电池是以氢气为燃料，通过电化学反应，将燃料中的化学能直接转变为电能的发电装置，具有能量转换效率高、零排放、无噪声等优点，相应技术进步可推动氢气制备、储存、运输等技术体系的发展升级。氢燃料电池分为质子交换膜燃料电池（PEMFC）、固体氧化物燃料电池（SOFC）、熔融碳酸盐燃料电池（MCFC）、碱性燃料电池（AFC）、磷酸燃料电池（PAFC）等类别。本章节主要介绍的是车用氢燃料电池，因此重点围绕氢质子交换膜燃料电池（下文的氢燃料电池均指氢质子交换膜燃料电池）来展开。

氢燃料电池系统主要由燃料电池堆（电堆）、空气供给系统、氢气供给系统、控制系统等单元组成。电堆作为氢、氧的反应场所，是氢燃料电池系统的核心单元；空气供给系统和氢气供给系统组成氢燃料电池的辅助系统，包括空气压缩机、增湿器、氢气循环设备、储氢罐等；控制系统控制功率稳定输出及安全运行。

本章将围绕氢燃料电池技术体系，较为全面地介绍氢燃料电池的工作原理与重要组件（例如电堆的双极板及膜电极组件、氢燃料电池辅助系统、系统控制技术等）的技术特点、研发进展及产业化进程。

4.1 氢燃料电池工作原理

燃料电池（Fuel Cell，FC）是通过电化学反应的方式，等温地将储存在燃料与氧化剂中的化学能直接转化为电能的发电装置。以氢气或富氢气体为燃料的燃料电池即为氢燃料电池。

氢燃料电池具体的工作原理如图 4-1 所示，氧化剂发生还原反应的电极为阴极，其反应过程为阴极过程，对外电路依原电池定义为正极。还原剂或燃料发生氧化反应的电极为阳极，其反应过程为阳极过程，对外电路依原电池定义为负极。把氢气和氧气分别供给阳极和阴极，氢气通过阳极向外扩散与电解质发生反应后，再放出电子通过外部的负载到达阴极，电子定向流动、做功，形成总的电流回路。

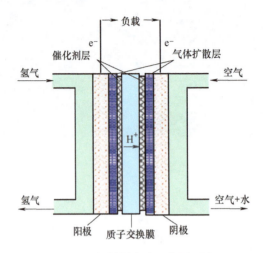

图 4-1　氢燃料电池工作原理图

在催化剂作用下，阳极发生氢气的氧化反应，释放电子，形成氢离子。由于质子交换膜（PEM）具有"通离子，阻电子"的特性，该电极反应产生的电子经外电路到达阴极，氢离子则经质子交换膜到达阴极。氧气与氢离子及电子在阴极发生还原反应生成水。生成的水不会稀释电解质，而是通过电极随反应尾气排出。该反应过程的反应方程式如下：

阳极反应式：

$$H_2 \uparrow = 2H^+ + 2e^- \tag{4-1}$$

阴极反应式：

$$\frac{1}{2}O_2 \uparrow + 2H^+ + 2e^- = H_2O \tag{4-2}$$

总反应式：

$$H_2 \uparrow + \frac{1}{2}O_2 \uparrow = H_2O \tag{4-3}$$

总体而言，与传统能量转化技术相比，氢燃料电池技术拥有诸多优势，具体概括为以下6个方面。

（1）效率更高

燃料电池直接将化学能转换为电能。通常情况下，燃料电池电能能量转化效率为40%~60%。但若实现热电联产，将燃料电池的热能也充分回收利用，燃料电池的热电能量的总利用率可达80%以上，远高于各类传统热机的工作效率。

（2）环境友好

当采用纯氢为燃料时，水是唯一的反应产物，可以实现零污染物排放，而且氢燃料电池发电不经过热机的燃烧过程,所以它不排放氮氧化物和硫氧化物,完全没有对大气的污染。

(3) 能源安全

氢燃料电池采用氢气作为燃料。尽管氢气在自然界中不以游离态的形式存在,但是可以通过可再生能源电力水电解制氢或生物质制氢,降低对化石能源的需求以及对外依存度。

(4) 结构简单、噪声低

氢燃料电池的结构简单、紧凑,运动部件少,因而它工作时安静,噪声很低。

(5) 可靠性高

因为氢燃料电池的运动部件很少,因而也具有很高的可靠性,可作为应急电源和不间断电源使用。

(6) 兼容性好、规模可调节

燃料电池具有常规电池的积木特性,既可用多片电池按串联、并联的方式向外供电,也可用作各种规格的分散电源和可移动电源。因此,氢燃料电池的发电规模通过调整电池的数目,可进行规模调节,实现微瓦至兆瓦规模的发电。

4.2 氢燃料电池堆

氢燃料电池堆(电堆)是发生电化学反应的场所,也是燃料电池动力系统的核心部分,维系着整个燃料电池系统的能量输出。电堆是由多个单体电池以串联方式层叠组合构成,所有单体电池交替叠合密封后,用前、后端板(电流收集板)压紧再用螺杆紧固拴牢,即构成燃料电池堆。燃料电池堆的设计边界条件确定后,即可开展电堆的详细设计过程,其中包括燃料电池堆各组件的材料、尺寸、性能指标,电堆的密封及封装方式等。燃料电池堆由承压端板、绝缘板、密封件、双极板、气体扩散层、膜电极组件(MEA)以及紧固件等组成,其核心组件是双极板与膜电极组件。电堆设计应基于对燃料电池堆原理的考虑,基于相关部件性能和成本的考虑,兼综合考虑工艺的可实施性。质子交换膜单体电池主要是由双极板、膜电极和密封件等部分组成,具体结构如图4-2所示。

燃料电池堆的性能直接决定着整个燃料电池系统的性能上限,燃料电池性能指标主要包括比功率、耐久性以及启动温度。从功率级别看,国外以丰田Mirai、本田Clarity和现代NEXO为代表的燃料电池乘用车,均搭载100kW左右的燃料电池堆。在国内,也有一批企业致力于电堆的创新研发和生产,不论是从膜电极、双极板等核心零部件技术突破方面,还是从整堆功率等级以及功率密度方面,也都有长足进步。但与国外如日本、韩国等电堆技术先进的国家相比,国产电堆在一些性能指标如比功率上仍存着差距。在氢燃料电池产业链中,电堆是高技术门槛的核心部件,其性能和成本直接决定燃料电池的产业化进程。

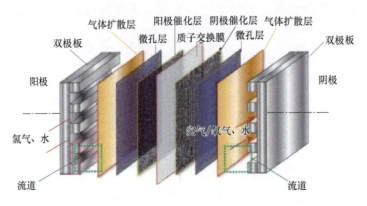

图 4-2　质子交换膜单体电池结构示意图

4.2.1　双极板

氢燃料电池中的双极板（BPs）又称流场板，在燃料电池运行中发挥着如导电、导气与导热等不可或缺的作用，因此，该组件需具备良好的导电性、耐腐蚀性、高机械强度、质量轻等特点。按照压滤机结构组装的电池组，一般由几片至几百片单体电池组成，每一片单体电池作为电池组的一个重复结构和功能单元，每一个单元组由一组双极板和膜电极构成。双极板是电堆质量的主要构成部分，基于当前生产能力推算，双极板作为燃料电池关键部件之一，其质量占到整个燃料电池堆质量的近60%，其成本则占到燃料电池堆成本的20%~40%。

1. 双极板功能及分类

双极板的主要功能可概括如下。

（1）隔绝氧化剂和燃料

双极板将通入电池组内的燃料、氧化剂及冷却功能流体分离，形成单极密闭或独立腔室，避免各腔室内的反应流体接触，从而起到隔绝氧化剂和燃料的作用。

（2）分布氧化剂与燃料

PEMFC单体电池作为放电单元，一般采用二维板面式结构，通过双极板各独立腔室内沟槽流场结构，使燃料、氧化剂及冷却功能流体能够均匀分布并传输到膜电极表面，达到使膜电极各区域放电强度均匀的效果。

（3）支撑膜电极

双极板具有一定机械强度，能够支撑膜电极，形成足够的腔体空间供反应流体流动。

（4）串联单体电池形成导电回路

单体电池放电过程中在电极两端产生电压差，双极板作为导电载体，将单体电池串联形成电子传输回路，实现电池组的放电通路。

(5) 排出反应的热量及产物水

膜电极是发生电化学反应的场所,在放电过程中伴随大量副产热及水的产生,双极板必须具有良好的导热性,排出反应热,并将电化学反应产物排出电池,避免热和反应产物积累,影响持续性反应放电。

根据基本材料种类的不同,双极板可分为石墨双极板、金属双极板、复合双极板,常用的双极板是石墨双极板以及金属双极板。三种不同材料的双极板优缺点对比见表4-1。

表 4-1 不同材料的双极板优缺点对比

种类	优点	缺点
石墨双极板	化学稳定性好	较重,易碎,成本高
金属双极板	质量轻,易成型,强度高、韧性好,成本低	耐腐蚀性较差
复合双极板	化学稳定性好,耐腐蚀,易成型	导电率较低,厚度较大

2. 石墨双极板

石墨材料是最早开发用于 PEMFC 双极板的材料,该材料优点是耐腐蚀性强、耐久性高,但也存在制作周期长、抗压性差、厚度大等问题。一般采用石墨粉、粉碎焦炭与可石墨化树脂或沥青混合,在石墨化炉中升温至 2500℃ 以上,制备无孔或低孔隙率的石墨块体材料,再经切割和研磨等工艺制备出毫米级厚度石墨板。

通常情况下,石墨材料制备的双极板具有良好导电性、导热性和耐腐蚀性,是目前氢燃料电池中最常用的双极板。由于石墨化过程会造成石墨板表面孔隙率为20%～30%,气孔的存在会导致 PEMFC 发生泄漏,所以要对石墨板进行浸渍处理以降低孔隙率并改善其表面质量。因此,对于石墨板的研究主要在于保证机械强度及电导率等关键参数的前提下减薄其厚度并简化制备工艺。Ballard 公司最早的 9SSL 电堆便采用了柔性石墨模压制备双极板,替代了传统的机械加工提高了生产效率,其于 2020 年推出的 140kW 大功率 HPS 电堆采用了超薄碳板,功率密度提升至 4.3kW/L,可以在 -28℃ 低温环境下启动。上海弘枫公司已掌握机械加工超薄石墨板的制备技术,一组石墨板厚度可达 1.4mm,接近金属板的水平,目前尚处于示范运营阶段。机械加工相比石墨复合材料的模压或者注塑成型方法更能提供定制化的可靠的产品,而更薄的石墨双极板由于其本身的脆性能否承受实际车载过程中的振动尚需研究。

目前,应用较为广泛的类型是经过浸渍处理的无孔石墨板。最后通过雕刻加工方式,在无孔石墨板的表面雕刻上流场等功能结构区域。这种石墨双极板的制备工艺复杂,耗时长,费用高,难以实现超大批量生产。

3. 金属双极板

石墨双极板的技术最为成熟,具有良好的导电性和抗腐蚀能力,是商业应用中最为广泛的碳质材料双极板，然而，因其机械强度差、厚度难缩小，较难在紧凑型、抗冲击场景中应用。因此，相对于石墨双极板，更具性能和成本优势的金属双极板已经成为发展热点，主流的金属双极板厚度不大于 0.2mm，体积和质量明显减小，电堆功率密度显著增加，并且兼具延展性良好、导电和导热特性好、断裂韧性高等特点。目前，不锈钢、铝合金、钛合金、镍合金、铜合金和金属基复合材料已被应用于双极板制造。

按照成型方式不同，金属双极板可分为冲压成型、液压成型和柔性成型等。冲压成型工艺是用压力装置和刚性模具对板材施加一定的外力，使其产生塑性变形，从而获得所需形状或尺寸的一种方法。冲压坯主要为热轧和冷镦钢板，其占世界钢材的60%~70%，原材料成本低。冲压工艺生产的双极板由于成本低，生产率高，具有薄、均匀和高强度的特性，因此被广泛用于汽车、航空航天和其他领域。液压成型工艺是一种利用液体或模具作为传力介质加工产品的一种塑性加工技术，与冲压成型工艺相比，模具需求量少（只需要一套模具）。液压成型在尺寸和表面质量方面优于冲压成型工艺，而冲压工艺具有较高的生产率。柔性成型工艺，也称为橡胶垫成型，是一种用于微/中型流道成型的新型冲压方法，该方法可以解决冲压和液压成型过程中裂纹、皱纹和表面波纹的问题。它由一个刚性模具和一个橡胶垫板组成，并且它们之间的接触表面是柔性的，这极大地提高了微尺度流道的可成型性。

当前，丰田、本田、通用等主流氢燃料电池汽车公司都采用了金属双极板产品。金属双极板强度高、韧性好，而且导电、导热性能好，功率密度更大，便于加工制成很薄（0.1~0.3mm）的 PEMFC 双极板，主要应用于乘用车，如丰田 Mirai 采用的就是金属双极板，其燃料电池模块功率密度达到 3.1kW/L；英国 Intelligent Energy 公司新一代 EC200-192 金属双极板燃料电池模块的功率密度更是达到了 5kW/L。然而，值得注意是，金属双极板耐腐蚀性较差，在酸性环境中金属易溶解，浸出的离子可能会毒化膜电极组件。同时，随着金属离子溶解度的增加，电阻增加，氢燃料电池输出功率降低。为解决上述问题，一方面可在金属双极板表面涂覆耐腐蚀的涂层材料，如贵金属膜、金属化合物膜、碳类膜（类金刚石、石墨、聚苯胺）等；另一方面是研制复合材料双极板。

4. 复合双极板

复合双极板能较好地结合石墨板与金属板的优点，具有密度低、抗腐蚀、易成型的特点，能够使电堆装配后达到更好的效果。但是，目前其加工周期长、长期工作可靠性较差，限制了其应用。

复合双极板可分为复合结构双极板和复合材料双极板。其中，复合结构双极板是以薄金属或其他高强度、高致密性的导电板作为分隔板，以有孔薄碳板、金属网等作为流场板，以导电胶黏合。这种复合结构双极板结合了金属板与石墨板的优点，由于金属板的引入，石墨只起导电与形成流道的作用，而不需要起到致密与增强的作用，同时由于石墨板的间隔，金属板不需要直接接触腐蚀介质，减轻了金属板的腐蚀，这样使得双极板具有耐腐蚀、良导电、体积小、质量轻、强度高的优势，但缺点是制作过程较为繁琐，密封性相对较差。复合材料双极板主要是通过热塑或热固性树脂料混合石墨粉/增强纤维形成预制料，并固化/石墨化后成型。复合材料双极板又可以分为碳基复合材料双极板和金属基复合材料双极板。

近年来，许多研究者致力于开发研究石墨/树脂复合材料双极板。该种复合双极板的材料组分一般包括导电填料、聚合物树脂和辅助增强填料，它与纯石墨和金属双极板相比具有价格低、质量轻、易于批量化生产的优点，而且可以通过变化不同的聚合物体系和增强体系来调整其导电性、机械强度及其他性能。目前，石墨/树脂复合材料双极板成型方法主要包括模压、注塑等，采用这些成型方法的制备工艺大都存在制备周期长、耗能高、效率低等缺点。因此，对聚合物树脂种类的选择是决定其具有优良成型性能和缩短制备周期的一种关键因素。聚合物树脂的种类主要有热塑性树脂和热固性树脂。其中，热塑性树脂与导电填料混合后形成适于模压的混合物，但是取模前需要长时间冷却。相对而言，热固性树脂则能形成牢固的三维网状结构，具有更高的弯曲强度，能用来制作更薄的双极板，不需要冷却就可以取模，一定程度上缩短了成型周期。石墨/树脂复合材料双极板由于可设计性强，可通过调节树脂、导电填料及增强填料的配比，来制备满足使用需求的双极板，同时其制备方法较为成熟，可通过模压或注塑成型工艺进行商业化大批量生产，降低了双极板的制造成本，因此成为复合材料双极板技术发展的重要趋势。

复合材料双极板兼具石墨材料的耐腐蚀性和金属材料的高机械强度特性，未来将向低成本化方向发展。目前阶段，复合材料双极板的研发还比较少，实际应用仍处于摸索阶段。

此外，双极板作为燃料电池气体分配、散热的主要功能部件，除制造材料外，流场设计等在一定程度上决定了电堆的整体运行特性。

目前，结构的薄板化，流场的高维度化、高有序化是双极板设计研发的主要方向。例如，本田公司旗下 Clarity 车型搭载的电堆采用了二维波纹形流场设计，提升了气体在流道中传输时与壁面碰撞的概率，增强了垂直膜电极方向的强制对流过程，提升了气体利用效率；同时，在冷却流场设计方面，采用了"2MEA+3 隔板+1 冷却流道"的单元设计方式，进一步实现了薄板化设计。

与此同时，流场的排水能力也是限制燃料电池极限电流密度提升的重要因素之一。双极板良好的排水能力可以使氢气/氧气快速、均匀、充分地扩散至催化剂表面，同时保证反应产物水的及时排除，使气-液-固三相界面保持最优状态。例如，丰田 Mirai 采用的是经过特殊设计的三维流场结构，通过密布的导流槽引导气体向扩散层表面平滑有序化流动，同时通过导流槽上下表面的亲疏水改性处理以及导流槽的周期性波纹阵列实现了水、气流动的两相分离，在提升气体利用效率的同时，增强了排水能力。此外，考虑双极板结构薄板化和复杂化的同时，也需兼顾力学设计，避免厚度降低、复杂结构带来的材料强度降低、破坏等问题，这些均是双极板未来研发的重点方向。

4.2.2 膜电极

膜电极（MEA）作为质子交换膜燃料电池（PEMFC）发生电化学反应的场所，是传递电子和质子的介质,是反应气体、尾气和液态水紧密接触的场所,将化学能转化为电能。膜电极被认为是PEMFC的"心脏",其性能的好坏直接决定燃料电池性能高低。膜电极组件由质子交换膜、催化层以及气体扩散层组成,燃料电池的电化学反应发生在膜电极中。

膜电极组件构成示意图如图4-3所示。其中,质子交换膜是一种阳离子交换膜,在燃料电池中起着隔离阴阳两极气体和传导质子的作用;催化层是反应物发生化学反应的场所,其两侧分别与质子交换膜和气体扩散层连接,将反应产生的质子传递到质子交换膜中,同时将生成的水传输到气体扩散层内;气体扩散层的主要作用是输送反应物,并起到支撑催化层和传递电流的作用。

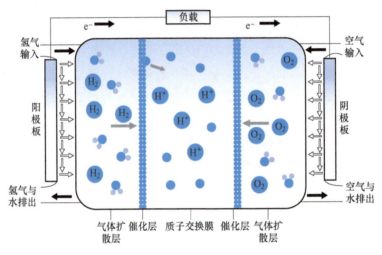

图4-3 膜电极组件构成示意图

膜电极的制备工艺在发展过程中主要存在两种典型的模式:一种是以碳纤维(如碳纸或者碳布)为基底,将催化层添加到基底上,制备成气体扩散层电极,然后将2个气体扩散层电极(阴、阳极)置于经过处理的质子交换膜两侧,在一定条件下热压形成膜电极;另一种是以质子交换膜为基底,通过滚压、喷涂、印制等方式将催化剂层添加到基底的两侧,制备成膜电极,然后将2个气体扩散层置于膜电极两侧,热压成膜电极。

4.2.3 质子交换膜

质子交换膜(PEM)是燃料电池核心部件之一,作为电解质起到传导质子、隔离反应气体的作用,质子交换膜为质子的迁移和输送提供通道,使得质子通过膜从阳极到达阴极,与外电路的电子转移构成回路,向外界提供电流。因此,质子交换膜的性能对燃料电池的性能起着至关重要的作用,直接影响电池的使用寿命,性能好的质子交换膜需同时具有质子或离子电导率较高、气体渗透性低、稳定性好、机械强度好、成本较低等特性。基于质子交换膜燃料电池(PEMFC)的使用要求,质子交换膜应满足以下基本要求:

1）高质子电导率，以支持电池的最小电阻损耗，特别是在低湿度和高温条件下。
2）优异的稳定性。
3）电子电导率为零，吸水性好。
4）制造成本相对较低，耐久性高，使用寿命长。
5）不论在干态还是湿态，膜均必须具有一定的机械强度，适合膜电极的制备和电池组的组装。

目前阶段，已经开发的各种用于燃料电池的质子交换膜主要包括全氟磺酸膜、非全氟化膜、无氟化膜、复合膜等，具体特点见表4-2。

表4-2 不同质子交换膜的特点对比

类型	优点	缺点
全氟磺酸膜	机械强度高、化学稳定性好、低温时电流密度大、质子传导电阻小	高温时易降解、单体合成困难、成本高、质子传导性较差
非全氟化膜	工作效率高、电池寿命长、成本低	氧溶解度低、机械强度与化学稳定性较差
无氟化膜	性能与Nafion膜类似，对环境污染小、成本低	化学稳定性较差、无法兼顾高质子传导性与机械强度
复合膜	机械强度高、膜内水传动与分布特性较好、内阻较低	制备工艺待完善

常用的商业化质子交换膜通常是全氟磺酸膜，它属于固体聚合物电解质。全氟磺酸膜是目前燃料电池主要采用的质子交换膜，国际上知名的质子交换膜产品包括美国杜邦公司的Nafion膜、陶氏化学公司的Dow系列质子交换膜、Gore公司的GORE-SELECT膜、3M公司的全氟磺酸膜、日本旭化成公司的Aciplex膜和日本AGC公司的FLEMION膜等，其中应用最广泛的是美国杜邦公司的Nafion系列膜（2017年8月31日，陶氏化学公司与杜邦公司正式合并为陶氏杜邦公司），而我国的燃料电池汽车上使用的膜则是以Gore公司生产的膜为主。全氟磺酸膜利用碳氟主链的疏水性和侧链磺酸端基的亲水性，可实现PEM在润湿状态下的微相分离，具有质子电导率高、耐强酸强碱等优异特性。

1. 质子交换膜功能及分类

质子交换膜的功能可概括为：质子的电荷载体，分离反应物气体，以及电子绝缘体。在较高工作温度下质子交换膜燃料电池具有耐CO中毒能力强、水热管理简单、能源利用率高等优点。质子交换膜可以分为均质膜和复合膜两种，根据材料的主链组成和官能团不同，又可以将均质膜分为五种不同类型：全氟磺酸膜、部分氟化磺酸膜、非氟化磺酸膜、聚苯并咪唑（PBI）/H_3PO_4膜以及碱性离子膜，如图4-4所示。

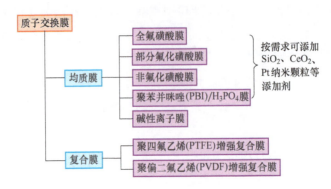

图 4-4　质子交换膜分类

2. 全氟磺酸型质子交换膜

全氟磺酸（PFSA）树脂具有良好的质子导电性能、热稳定性、化学稳定性、水传输性能等，为燃料电池膜在复杂工况下的长时间使用提供了保障。特殊的分子结构决定了全氟磺酸膜在质子交换膜燃料电池系统中优异的综合性能，但高昂的价格成为限制其大规模应用的主要障碍。

根据树脂侧链长短可分为长支链全氟质子膜和短支链全氟质子膜。普遍认为质子是通过PFSA膜中的磺酸基团和水分子在碳氟链组成的连续网络离子簇和离子簇之间的通道传导的，即所谓的"离子簇-网络模型"，因此质子传递能力直接影响到燃料电池性能和能量的输出。由于膜的质子电导率与膜中水含量成正比，提高膜中磺酸基团的数量，即膜的离子交换容量（IEC），能够提高膜与水的结合率，进而提高膜电导率。除了提高膜的质子传导基团含量外，将全氟磺酸树脂与吸水性的金属氧化物或无机质子导体复合，是目前最为广泛的提高膜高温导电性能和降低膜燃料渗透率的技术路线，所使用的吸水无机氧化物和无机质子导体主要包括 SiO_2、TiO_2、WO_3、ZrO_2、ZrP、杂多酸等。

此外，质子交换膜根据是否增强可分为均质膜和复合增强膜。均质膜与复合膜也是实际常用的区分膜材料的办法。复合膜是由均质膜改性而来的，它利用均质膜的树脂与有机或无机物复合使其比均质膜在某些功能方面得到强化。均质膜的机械强度较低，溶胀严重，并且厚度较厚，目前难以生产可以实用的低于 $25\mu m$ 厚度的均质膜。目前，车用燃料电池 PEM 已经大部分使用复合膜，典型的包括提高机械强度的复合膜，以及提高化学稳定性的复合膜。

3. 中温质子交换膜技术

Nafion 膜强烈依赖水作为导电介质，这导致水管理系统的运营成本偏高，阻碍了其在较高温度范围内的广泛利用。因此，中间温度（100~200℃）的 PEMFC 成为研究人员的研究重点，中温质子交换膜的优点主要概括为：

1）提高温度后，加快了电极反应动力学过程，使得使用便宜的催化剂成为可能。

2）较高的工作温度可以缓解燃料杂质引起的催化剂中毒。

3）生成的水充分气化，有利于电堆的水管理。

4）电堆与环境温差增大，有利于电堆的散热。

5）余热可循环利用，用于直接加热、蒸汽转化、热电联产，实现更高的能源利用率。

磷酸浸渍PBI膜（PA-PBI）被认为是一种很有前途的中温质子交换膜。中温质子交换膜的下一步研究重点在于寻找不依赖水和磷酸的质子导体。目前，高温质子交换膜离成熟化应用尚远。无机固体酸因在中高温下具有较高的电导率且运输方便，可能成为未来主要研发方向，但实现产业化时仍需考虑整车轻量化等实际需求因素。

美国能源部给燃料电池汽车用PEMs设定的目标电导率是100mS/cm（120℃），PBI膜的质子电导率没有足够的上升空间，难以达到此标准。针对其存在的问题，研究者们提出了多种改性手段，如对PBI主链进行改性，将某些特定基团引入聚合物主链。根据报道，磷酸掺杂的磺化聚苯并咪唑（SPBIs）与相应的非磺化聚苯并咪唑相比具有更高的质子电导率。除此之外，近年来聚砜（PSU）、聚醚砜（PES）、聚醚醚酮（PEEK）等潜在可替代材料也得到研究人员的关注。

为了实现燃料电池的实用化与产业化，我国在质子交换膜的制造工艺和材料改性方面已经进行了大量研究，但如何进一步提高质子交换膜的使用耐久性、寿命和工作性能仍然是燃料电池产业化面临的主要任务。因此，作为膜的潜在供应商，我国企业需更多装车运行，在实际应用中考验膜产品的性能与耐久性，以获取更多应用数据来提升产品竞争力。同时，我国企业虽初步具备不同程度的质子交换膜研发和生产能力，然而，核心材料全氟磺酸树脂仍以进口为主，这可能是制约国内燃料电池产业发展的一个关键环节，在未来阶段也应着力加强，以推动燃料电池的发展及其产业化应用。

4.2.4 催化剂

催化剂是质子交换膜燃料电池膜电极的关键材料之一，主要分为铂（Pt）催化剂和合金催化剂。在氢燃料电池的电堆中，电极上氢的氧化反应和氧的还原反应过程主要受催化剂控制。催化剂是影响氢燃料电池活化极化的主要因素，其作用在于降低反应的活化能，促进氢、氧在电极上的氧化还原过程，提升反应速率，决定着氢燃料电池汽车的整车性能和使用经济性。质子交换膜燃料电池属于低温燃料电池（工作温度一般在70~80℃），要使阴阳极上的反应达到实际应用速率，催化剂活性和稳定性就显得很重要，尤其是对阴极的还原反应。因此，具有优良的催化性能、电化学稳定性、导电性的Pt基催化剂成为最适于实际应用的催化剂。

1. Pt/C催化剂

Pt是贵金属，从成本的角度看，为了同时达到提高性能以及减少用量的目的，一般采取小粒径的Pt纳米化分散制备技术。然而，由于纳米Pt颗粒表面自由能高，碳载体与Pt纳米粒子之间是弱相互作用，小粒径 Pt 颗粒会摆脱载体的束缚，迁移到较大的颗粒上被兼并而消失，同时，小粒径 Pt 颗粒更易发生氧化反应，以铂离子的形式扩散到大粒径 Pt 颗粒表面并沉积，进而导致团聚。为解决上述问题，研究人员研制出了 Pt 与过渡金属合金催化剂、Pt 核壳催化剂、Pt 单原子层催化剂，这些催化剂最显著的特点是利用 Pt 纳米颗粒在几何空间分布上的调整来减少 Pt 用量、提高 Pt 利用率，提高了质量比活性、面积比活性，增强了抗 Pt 溶解能力。通过碳载体掺杂氮、氧、硼等杂质原子，增强 Pt 颗粒与多种过渡金属（如 Co、Ni、Mn、Fe、Cu 等）的表面附着力，在提升耐久性的同时也利于增强含 Pt 催化剂的抗迁移及抗团聚能力。

以贵金属 Pt 作为催化剂的膜电极是燃料电池的核心部件，直接决定着批量化生产后的电池性能、寿命和成本。高成本依然为阻碍燃料电池规模化推广的关键难题，而低铂化是解决成本难题的重要途径。目前，国际先进水平的车载燃料电池 Pt 用量已经降到 0.1~0.2g/kW，有望进一步降低到传统内燃机尾气净化剂中贵金属用量的水平，即 Pt 不多于 0.05g/kW。国产膜电极的 Pt 载量为 0.3~0.4g/kW，与国外存在很大差距。未来阶段，减少 Pt 基催化剂用量、提高功率密度（提高催化剂活性），以及基于此目标的 MEA 优化制备，是降低氢燃料电池系统商用成本的重要途径。

2. 合金催化剂

基于上文所述，为了进一步减少铂用量，无铂的单/多层过渡金属氧化物催化剂、纳米单/双金属催化剂、碳基可控掺杂原子催化剂、金属-氮-碳（M-N-C）纳米催化剂、石墨烯负载多相催化剂、纳米金属多孔框架催化剂等成为领域内的研究热点。然而，考虑到稳定性、耐腐蚀性、氧气的还原反应催化活性、质量比活性、面积比活性等，上述这些新型催化剂在氢燃料电池实际工况下的综合性能，还需要继续验证。其中，较具有代表性的案例是美国 3M 公司基于超薄层薄膜催化技术研制的 Pt/Ir（Ta）催化剂，实现了在阴极、阳极平均低至 $0.09mg/cm^2$ 的铂用量，在 150kPa 和 250kPa 的反应气压下，催化功率密度分别可以达到 9.4kW/g 和 11.6kW/g。

不同的载体对合金催化剂性能影响也很大。2014 年底，丰田汽车公司推出的第一代 Mirai 使用了 Pt-Co 合金催化剂燃料电池。相比单一的 Pt 催化剂，Pt-Co 合金催化剂表现出更高的活性。该燃料电池使用低比表面积碳（LSAC）材料作为催化剂载体，可以提高铂的利用率。然而，在使用 LSAC 载体时，由于离聚物覆盖在铂催化剂表面上，易产生磺酸中毒，催化活性往往会下降。为了解决这一问题，第二代 Mirai 燃料电池使用了介孔碳（mesoporous carbon）作为催化剂载体。单体电池中约 80% 的铂是在介孔碳的孔中携带的，通过减少离聚物与铂表面的接触来抑制磺酸中毒。通过这种对策和提高 Pt-Co 合金催化剂的固溶性，催化活性提高了约 50%。

目前，除了 Pt/C 催化剂和合金催化剂以外，还有许多其他各类催化剂，其主要特点也不尽相同，它们的具体特点见表 4-3。

表 4-3 不同燃料电池催化剂主要特点

催化剂名称	具体描述	特点	示例
Pt-M 催化剂	Pt 与过渡金属合金催化剂	稳定性提升、质量比活性提升、Pt 用量减少、成本降低	Pt-Co/C、Pt-Fe/C、Pt-Ni/C 等
Pt 核壳催化剂	利用非 Pt 材料作为支撑核，Pt 作为表面壳的结构	Pt 用量减少、质量比活性提升	Pt-Pd-Co/C、Pt-Cu-Co/C 等
Pt 单原子层催化剂	Pt 单原子层的核壳结构催化剂	改善氧气的还原反应、Pt 利用率提升、Pt 用量减少	置换 Cu 原子制备致密 Pt 单原子层
非贵金属催化剂	过渡金属原子簇合物、过渡金属螯合物、过渡金属氮化物与碳化物	成本降低	Fe-N/C、Co-Mo-N、Co-Mo-S

现阶段，各国研究机构在 Pt 基催化剂方向开展了诸多研发与示范工作，例如，丰田、田中贵金属、庄信万丰、优美科等公司在催化剂研发与量产等领域具有一定领先优势。其中，丰田公司在燃料电池 Pt 用量上最少，约为 0.17g/kW，然而仍与美国能源部的 0.125g/kW 目标差距较大。国内方面，济平新能源、贵研铂业、上海交通大学、中国科学院大连化学物理研究所等企业和科研单位开展了催化剂的研发及规模量产，在某些技术领域达到国际领先水平。

截至目前，国产催化剂方面虽然已取得较大技术进步，同时催化剂低铂比及非铂比研究也取得了实质性进展，然而，总体来看，催化剂主流市场份额依然被外资企业所占据，并且以 Pt/C、Pt 基合金（如 Pt-Co）催化剂使用为主。Pt 核壳催化剂、非贵金属催化剂等在活性及稳定性方面仍无法与 Pt 基催化剂相当。此外，Pt 资源在全球范围内稀少，且价格昂贵，导致燃料电池生产成本较高，在短期内商业化应用的催化剂成本也较难实现显著下降。因此，如何降低 Pt 载量，发展非碳支持体催化剂，探索非铂催化剂体系是催化剂领域未来的研发重点。

4.2.5 气体扩散层

气体扩散层（GDL）是氢燃料电池核心组件膜电极的重要组成部分，在氢燃料电池的电堆中，空气与氢气通入阴、阳极催化层之前还需要穿越气体扩散层。气体扩散层位于催化剂和流场/双极板之间，起到支撑催化剂、导通电流、气体扩散和水管理的作用。气体扩散层通常由基底层（GDB）和微孔层（MPL）组成，结构示意图如图 4-5 所示。

其中，基底层直接与双极板流道接触，通常是由多孔碳纤维纸或碳纤维布构成，且用聚四氟乙烯（PTFE）等进行憎水处理，使其具有一定的憎水性，以利于构成气体通道。微孔层与催化层直接接触，通常由导电炭黑和疏水剂用溶剂混合均匀后的黏稠浆料，采用丝网

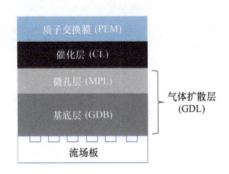

图 4-5　气体扩散层结构示意图

印制、喷涂等涂布方式添加到基底层表面，构成气体扩散层双层结构，起到提高电传导性和改善水管理的作用。

基底层和微孔层共同决定了气体扩散层的产品特性，虽气体扩散层不直接参与电化学反应，但对提高电极性能发挥着重要作用。总体而言，气体扩散层的主要作用可概括为如下六个方面。

（1）支撑催化剂

气体扩散层需具有一定的刚度，防止催化层脱落。同时，需要与催化剂紧密接触，接触电阻应尽可能小，因而也需具有一定的柔性，以适应组装电池的形变。

（2）高效传质

扩散层均匀分布引导反应气体，促进氢气和氧气向催化层的活性区域扩散，引导水向流道一侧传输。作为扩散层的多孔材料，需要较高的孔隙率和适宜的孔分布，以利于传质。

（3）疏水性

扩散层应可排出生成水，特别是对于质子交换膜燃料电池，在阴极产生水，需要在气体传输的同时进行排水，因此扩散层需要有憎水的气孔和亲水的小孔，即扩散层需要具备一定的疏水性。

（4）良好的导电能力

在燃料电池中，无论是阴极侧还是阳极侧，都需要进行电子的传输，从而形成电的回路，因此扩散层应尽可能降低欧姆损耗，同时作为物理屏障将阳极与阴极隔开，这就要求扩散层材料是电子的良导体。

（5）良好的导热作用

通常情况下，由于燃料电池的化学反应效率小于100%，产生的废热需排出。因此，扩散层需具备良好的导热特性，在贯穿平面和体相等多维度均为良好的导热体。

（6）适应质子交换膜燃料电池工作环境的抗腐蚀性

由于PEMFC是在强酸性、高电位和氧化环境下运行，因此要求扩散层材料具有抗腐蚀特性。

1. 基底层（GDB）

目前，基底层通常使用多孔的碳纤维纸或碳纤维编织布、非织造布、扁平的泡沫金属和金属网等材料经过改进制备而成，其厚度为100~400μm，主要作用为支撑微孔层和催化层，同时可以传导反应气体和排出反应产物水。其中多孔碳纤维纸是最常用的扩散层基底材料。根据燃料电池运行工况不同（如阴阳极湿度、阴阳极运行气体压力、温度、工作电流密度等），研发人员会设计不同类型的GDB，一般通过加入PTFE来调整扩散层的憎水性。不同种类基底层的性能指标见表4-4。

表4-4 不同种类基底层的性能指标

性能指标	碳纤维纸	碳纤维布	非织造布
厚度/mm	0.2~0.3	0.1~1.0	0.1~1.0
密度/(g·cm^{-3})	0.40~0.45	—	0.35
强度/MPa	16~18	3000	—
电阻率/(Ω/cm)	0.02~0.10	—	80
透气性（%）	70~80	60~90	40~99

目前商业化碳纤维纸/布等材料从性能上已能够很好地满足要求，如在丰田新一代Mirai燃料电池中，通过降低碳纸材料密度和增加孔隙尺寸使气体扩散特性提高了25%，最终通过流场设计和电极材料创新，将每电极单位面积的功率密度提高了15%。而气体扩散层的规模化生产将会带来大幅的成本削减。美国能源部曾基于巴拉德公司生产的气体扩散层进行过估算，如果气体扩散层产量能满足100000套/年车用质子交换膜燃料电池系统的生产，则其成本约为4.5美元/kW，占燃料电池系统总成本的9%。目前，有研究人员采用炭黑和PTFE黏结剂混合，再经过滚压制备炭黑纸，其导电导热性能和透气性可以满足燃料电池扩散层性能的要求，这种制备方式可以降低成本，但这类材料机械强度还存在问题。

就碳纤维纸的制备而言，目前的工艺流程如图4-6所示。

图4-6 制备碳纤维纸工艺流程

目前，全球碳纸/碳纤维布生产厂家较少，国外供应商主要为日本东丽（Toray）、德国西格里（SGL）、日本JSR等公司。表4-5为目前广泛采用的日本Toray公司生产和销售的TGP-H系列基底层的物性参数。

表 4-5　TGP-H 系列基底层的物性参数

项目		TGP-H-030	TGP-H-060	TGP-H-090	TGP-H-120
厚度/mm		0.09	0.17	0.26	0.35
密度/g·cm^{-3}		0.42	0.49	0.49	0.49
孔隙率（%）		75	73	73	73
电阻率/Ω·cm	厚度方向	0.07	0.07	0.07	0.07
	平面方向	0.005	0.005	0.005	0.005
热导率/cal·(cm·s·℃)$^{-1}$		(6×10^{-3})	(6×10^{-3})	(6×10^{-3})	(6×10^{-3})
弯曲强度/kg·cm^{-2}		(260)	(260)	(260)	(260)

注：括号里的值是由厚碳纸实测值推测的值。

我国碳纤维发展从 20 世纪 80 年代中期开始，然而，受制于市场需求量低、技术不够成熟等因素，目前阶段，国内只有深圳通用氢能、上海河森、中南大学、武汉理工大学、上海大学、南方科技大学等少数企业及科研单位开展了有关气体扩散层的研发，并且大多数机构仍处于小批量试产阶段。其中，在科技部项目支持下，中南大学采用新型催化化学气相沉积（CVD）技术制备碳纸，在孔隙率和透气性相当的条件下，导电性能、力学性能、利用石墨烯改性、压制工艺等方面均取得重要突破进展。

2. 微孔层（MPL）

气体扩散层中的微孔层是在基底层表面进行憎水处理，制备的导电且利于气体传递的平整层，用以降低扩散层与催化层间的接触电阻，实现改善气体与水分配的目的。

微孔层通常直接制备于基底层之上，主要由碳粉和 PTFE 组成，厚度一般在十几到几十微米。利用碳粉和 PTFE 混合制备的 MPL 内具有较多的微孔结构，该结构能对电池内部产生的水和气体起到良好的传输作用。微孔层的加入，对实现反应气体和反应产物水在流场及催化层之间的再分配，对增强导电性以及提高电极性能，增强电池运行稳定性和延长运行寿命均具有重要作用。在基底层和催化层之间涂覆一层微孔层有利于改善基底层和催化层之间的界面，可以有效增加基底层与催化层之间的接触面积，降低界面电阻，改善界面电化学反应。另外，微孔层的存在还有利于改善水管理。由于微孔层和基底层的孔径不同，会形成孔径梯度，在气体扩散层两侧形成压力梯度，迫使水分从催化层向气体扩散层传输，阻碍液态水在催化层表面凝聚长大，从而防止催化层水淹。一个性能优异的微孔层，可以降低对基底层的要求，即便基底层的性能差别较大，只要保证微孔层一致，也能获得相近的排水导气性能。

伴随着气体扩散层的连续卷绕式生产愈发普及，微孔层涂覆的生产节奏要求也越来越高。图 4-7 所示为 MPL 连续式制备的工艺流程。浆液固定到基底层后，可以通过缓慢加热至 340~350℃的方式完成烧结。

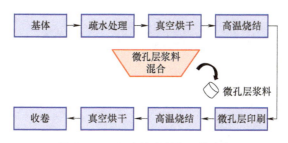

图 4-7　MPL 连续式制备工艺流程

目前的生产工艺中，通过调整印制方式和烧结时间、温度，可以在一定程度上改善扩散层的孔隙结构、降低接触电阻，从而优化扩散层的工作性能。

4.3　氢燃料电池辅助系统

高性能的氢燃料电池系统不仅需要高输出能力的电堆，还需要相匹配的辅助系统，其主要包括空气供给系统（空气压缩机和增湿器等）、氢气供给系统（氢气循环泵、储氢装置、压力调节器等）、散热器等。

4.3.1　空气压缩机

氢燃料电池系统中的空气压缩机（以下简称空压机），对空气供应起到决定性作用，能够结合电堆输出功率产生驱动作用为氢燃料电池提供相应流量及压力的空气，具有压比高、体积小、噪声低、功率大、无油、结构紧凑等优势。常见的车载燃料电池空压机有离心式、螺杆式、涡旋式等类型。目前使用较多的是螺杆式空气压缩机，但离心式空气压缩机因密闭性好、结构紧凑、振动小、能量转换效率高等特点，同样具有应用前景。螺杆式空压机质量与噪声较大；涡旋式空压机效率、密度不及离心式，综上所述，离心式空压机在密度、效率、噪声等方面具有最好的综合效果，是今后主流的发展方向。在空气压缩机的关键部件中，轴承、电机是瓶颈技术，低成本、耐摩擦的涂层材料也是开发重点。国外对氢燃料电池专用空压机的开发及使用比国内成熟。

4.3.2　增湿器

增湿器是空气供应子系统中重要的组成部分，增湿器主要用于燃料电池进气加湿，使质子交换膜处于水饱和状态，保障电堆维持较高的反应效率。进入电堆的干气和电堆排气分别通入增湿器的干端和湿端，在增湿器中进行水热交换，干端气体实现增湿的效果，湿端气体实现回收水和热的效果。典型的增湿器包括膜增湿器和焓轮增湿器两大类，其优缺点对比见表 4-6。

表 4-6 两类增湿器优缺点对比

类型	优点	缺点
膜增湿器	干湿气之间窜漏量低，水热交换效率高	膜材料成本较高
焓轮增湿器	成本较低	机械结构复杂，可靠性差，干湿气之间窜漏量较高

一种典型的膜增湿器原理图如图 4-8a 所示，膜增湿是一个传热传质相结合的过程，水分子在膜中的传递过程大致可描述如下：首先是水在膜湿侧溶解、被吸收；其次是水分子在膜中扩散到达干侧；最后是水在干侧汽化与膜分离，进而浸润待加湿气体。膜作为膜加湿器的核心组件，需具备较好的水分子传输性能，同时阻止空气中其他成分通过。一种典型的焓轮增湿器原理图如图 4-8b 所示，其功能和应用方式与膜增湿器相似，区别在于吸附水分和热量的是内部的多孔陶瓷材料，并通过陶瓷材料的旋转，将所吸附的水分和热量传送至干端，从而实现对干端空气的增湿功能。

增湿的核心问题是水管理，目前的发展趋势是采用氢气回流泵带入反应尾气的水，系统不需要增湿器部件。丰田公司研发的内增湿技术通过将阴极产生的水迁移到阳极，并将水均匀地分配到阳极膜电极组件（MEA）的表面，实现减少外部增湿器系统。内增湿对电堆要求较高，对控制策略要求更高。另外也有如在集流端板上通过多孔碳板进行水交换、通过电堆中间增加类似单堆的模组进行水交换。

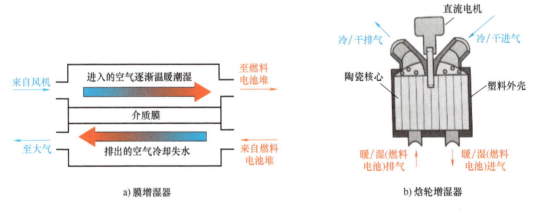

a) 膜增湿器　　　　　　b) 焓轮增湿器

图 4-8　增湿器原理图

4.3.3　氢气循环设备

燃料电池在工作状态下会产生大量的水，过低的水含量会产生"干膜"现象，阻碍质子传输；过高的水含量会产生"水淹"现象，阻碍多孔介质中气体的扩散，导致电堆的输出电压偏低。从阴极侧穿透到阳极侧的杂质气体（N_2）不断积累，会阻碍氢气与催化层的接触，造成局部"氢气饥饿"而引起化学腐蚀。因此，水的平衡对氢质子交换膜燃料电池的电堆寿命具有重要意义，解决途径是在电堆中引入氢气循环设备（如循环泵、引射器、喷射器）来实现气体吹扫、氢气重复利用、加湿氢气等功能。目前主要有氢气循环泵、单（双）引射器、氢气循环泵与引射器并联、引射器加旁路喷射器四类方案。

1. 氢气循环泵

氢循环可以将电化学反应生成物水（包括水蒸气）和未反应完全的氢气供应到电堆阳极入口，其中水可以改善电堆湿润水平，同时有助于提高水管理能力，提高电堆运行寿命，未反应的氢气再利用可以实现系统的高效率运行，因此氢循环系统在燃料电池系统中至关重要。氢气循环泵可根据工况条件实时控制氢气流量，提高氢气利用效率。氢气循环泵的主要优势在于主动可调节、快速响应和较宽的工作区间、电堆内部反应均匀等，但是存在结构复杂、噪声大、有寄生功耗和成本高等问题，且在涉氢、涉水的环境下易发生"氢脆"现象，在低温下的结冰现象可能导致系统无法正常工作。

2. 单（双）引射器

引射器是一种基于文丘里效应，利用高速喷射的工作流体造成的压差，将引射流体吸入再排出的纯机械部件，引射器结构简单、噪声低、可靠性高并且无寄生功率。引射器具有单引射器、双引射器方案，前者在高/低负载、系统起停、系统变载等工况下不易保持工作流的稳定性，后者能适应不同工况但结构复杂、控制难度大。

双引射器利用高、低压两个氢气引射器替代氢气循环泵来实现氢气循环功能，其中引射器分为低压氢气引射器和高压氢气引射器，分别针对不同电堆功率工况实现回氢功能。引射器一般分为固定喷嘴式引射器与可变喷嘴式引射器。

单引射器可以取代双引射器方案，实现系统结构与体积的进一步优化。但是适合于燃料电池环境的引射器还不是特别成熟，尤其在低功率区存在工作范围局限性，而且由于引射器本身受工况影响很大，在燃料电池启停、负载变化时，其工作稳定性很难保证。

3. 氢气循环泵与引射器并联

在引射器工作范围内使用引射器将未反应的气体输送到输入端，在引射器不工作的低功率区通过氢气循环泵实现氢气循环。引射器与氢气循环泵协同工作，实现氢气的循环利用，该方案不仅规避了引射器工作范围局限性的缺点，对氢气循环泵的功率也没有很高的要求，但对引射器与氢气循环泵的匹配和控制提出了更高的要求。

4. 引射器加旁路喷射器

为定时对电堆阳极进行吹扫以保证阳极氢气浓度，使用引射器的同时，引入旁路喷射器来为吹扫过程提供额外的氢气。但是脉冲式引射器在氮气浓度高于15%时进行定期吹扫过程，而系统要求在氮气浓度高于20%时才进行净化吹扫过程，这就导致氢气的浪费损失，影响经济性指标与续驶里程。

4.3.4　储氢瓶

目前对于纯氢的储存方法主要有高压氢气储存、液态氢气储存、活性炭吸附氢气、金属储氢和碳纳米材料储氢等。车辆储氢主要应用高压氢气储存方法，因此安全而又储氢量大的储氢瓶就显得尤为重要。车载氢气瓶的主要类型有全金属气瓶、金属内胆纤维环向缠绕气瓶、金属内胆纤维全缠绕气瓶、塑料内胆纤维全缠绕气瓶等。全金属气瓶由于其本身物理特性，储氢压力较低、质量较大，国内初期应用其储存 35MPa 的高压氢气。为了改善其缺点，金属内胆纤维环向缠绕气瓶、金属内胆纤维全缠绕气瓶、塑料内胆纤维全缠绕气瓶等类型逐渐产生，储氢压力提升到 70MPa。

例如丰田第三代 Mirai 氢燃料电池汽车搭载的 70MPa 储氢瓶，采用三层结构：内层是密封氢气的树脂衬里；中层是确保耐压强度的碳纤维强化树脂层；表层是保护表面的玻璃纤维强化树脂层。其采用特殊的缠绕工艺、方法实现了储氢瓶的强化与轻量化，如对含浸了树脂的碳纤施加张力使之卷起层叠的纤维缠绕工艺；环向缠绕、高角度螺旋缠绕和低角度螺旋缠绕方法分别强化了储氢罐筒部、边缘、底部，使得质量效率比原来提高了 20%，达到了全球最高水平的 5.7%。

4.4 氢燃料电池系统控制技术

燃料电池系统本质上是一套复杂的电化学反应装置，燃料电池系统通过控制策略完成电堆内氢气和氧气供应，控制电堆内水热平衡及稳定功率输出，保障燃料电池系统运行安全，实现氢能向电能的转换。燃料电池系统控制技术对于系统输出性能、可靠性及耐久性、环境适应能力、无故障安全运行均具有重要意义，是燃料电池系统高效、可靠、安全运行的核心。

实际燃料电池系统中，控制技术主要由控制系统硬件架构和系统运行策略两部分组成。其中，控制系统硬件架构主要包含系统控制器、单片电压巡检仪、传感器与执行器、信号采集与通信模块等，系统运行策略主要包含常温启停、变载、低温启动等工况运行逻辑以及全工况安全防护与故障诊断策略。

4.4.1 控制硬件

1. 控制硬件架构

燃料电池系统控制架构主要分为集中式控制方案、分布式控制方案和半分布式控制方案。

集中式控制方案只有一个电子控制单元（Electronic Control Unit，ECU），如图 4-9 所示，由一个 ECU 采集氢气供给系统、空气供给系统、冷却系统和温度调节系统等各系统的状态，ECU 依据各系统反馈的状态计算出控制量进行集中控制，并将系统工作状态通过控制协议（通常包括 CAN 总线和串行通信接口）传递至监控单元。集中式控制方案将所有设备运行任务集中管理，只需配置一个算力高的 ECU，其优点在于高集成度、低成本、轻量化。

但由于 ECU 接口相对固化，设计冗余量有限，不便于系统扩展与维护。

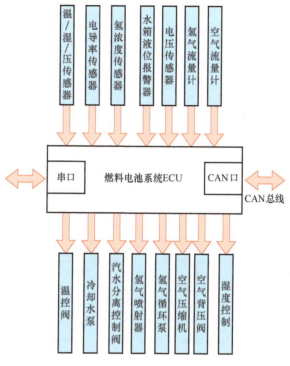

图 4-9　燃料电池系统集中式控制方案

分布式控制方案由 1 个主 ECU 和多个子系统 ECU 组成，如图 4-10 所示，主要是指氢气供给系统、空气供给系统和温度调节系统等分别由独立的 ECU 进行控制，各 ECU 通过 CAN 总线进行数据交换，并由一个主 ECU 对各个 ECU 进行协调控制。分布式控制方案将所有任务模块化，每一个模块都有一个 ECU 进行管理，提高了系统运行的可靠性，便于扩展和维护。但分布式方案的缺点是 ECU 太多，一方面增加了成本，另一方面也促使系统的体积和质量增加。

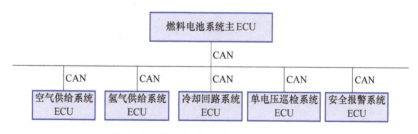

图 4-10　燃料电池系统分布式控制方案

半分布式控制方案由 1 个主 ECU 和少量必要子 ECU 组成，集合了集中式和分布式方案的优点，功能上将电控系统划分为 CAN 通信、模拟量通信和数字量通信三个模块，如图 4-11 所示。半分布式控制方案可以最大化利用主 ECU 模拟量与数字量通道，从而降低子系统

ECU 的使用，提升功能集成度。对算力要求大的子系统采用独立子 ECU，降低主 ECU 运行负担，有效控制系统成本。

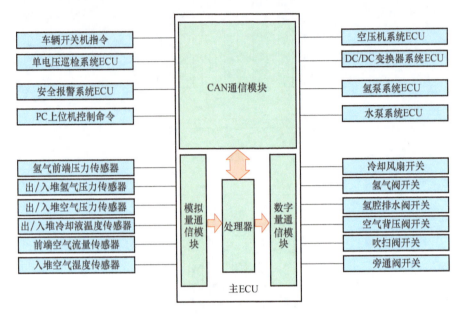

图 4-11　燃料电池系统半分布式控制方案

2. 控制器

燃料电池系统控制器（ECU）是燃料电池系统的控制"大脑"，主要实现对燃料电池系统的在线监测、实时控制及故障诊断，确保系统稳定可靠工作，燃料电池系统控制器功能包括气路管理、水热管理、电气管理、通信和故障诊断等。燃料电池系统控制器的硬件设计包括控制核心模块、电源模块、模拟量通信模块、数字量通信模块以及 CAN 通信模块等。

（1）控制核心模块

控制核心模块一般采用高性能微处理器，具备性能优异、功能强大、低功耗、高频率、大容量、高集成度的特点。

（2）电源模块

控制器电源模块包含 2 个部分：①控制器外部供电输入，保证控制器正常运行，外部供电电压等级为 9~36V；②控制器对外供电功能，具备 5V、350mA 和 12V、2A 以上的供电能力，用于压力传感器、节气门位置传感器、旁通阀位置传感器和温控阀位置传感器等设备的供电。对于通信模块则采用隔离电源供电，以避免控制器外部电平变化影响控制器正常工作。

（3）模拟量通信模块

模拟量通信模块是控制器内部芯片直接采集电压、电阻、电流等电量信号的模块。燃料电池系统用得较多的电压信号,其采集管脚的外围电路设置上拉和下拉电阻,用于精确采集设备电压信号。

(4) 数字量通信模块

数字量通信模块是控制器内部芯片直接收发布尔量、脉宽调制(PWM)等信号的模块,数字量通信模块一般可以兼容 5V、12V 和 24V 的信号,其内部一般采用齐纳二极管或者限流电阻设计,防止信号电压过高或者电流超过芯片数字量接口最高允许电流,以提高使用寿命。

(5) CAN 通信模块

燃料电池控制系统中的 CAN 总线物理长度比较长,通信频率高,CAN 信号容易对控制器内部尤其是核心模块造成干扰,因此 CAN 通信模块多采用隔离设计。使用光电耦合器将控制器芯片的 CAN 通信引脚与 CAN 通信模块电路相互隔离,CAN 信号通过光电耦合器和 CAN 收发器转换成 CANH 和 CANL 信号与 CAN 总线相连。

3. 电压巡检仪

燃料电池电压巡检仪由巡检线束、电压采集单元、数据处理单元及数据外发单元构成,如图 4-12 所示。单片(或数片)电池电压经巡检线束及电压采集单元采集,在数据处理单元进行数据整理,标准差、最低单片电压、电压极差等数据外发至燃料电池系统控制器,用以跟踪判断燃料电池运行状态。燃料电池堆通常是由几百片单片电池串联组成,电压巡检系统通常采用分布式检测,从而使检测单元中所有芯片均能满足耐压要求。

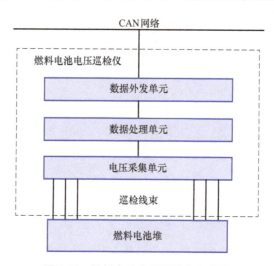

图 4-12 燃料电池电压巡检仪架构图

4. 传感器和执行器

在燃料电池系统中,传感器是一种检测装置,能感受到外部被测量的信息并按一定规律变换成为电信号或其他所需形式的信息输出,用于分析燃料电池系统的状态。燃料电池系统通常采用的传感器包括气压传感器、温度传感器、液位传感器、氢气浓度传感器等。执行器是燃料电池自动控制系统中的执行机构和控制阀组合体，在系统中的作用是接收来自调节器或控制器的信号，以其在工艺管路中的位置和特性，调节工艺介质的流量、压力、温度，从而将被控对象控制在正常运行过程所要求的范围内。

5. 信号采集与通信

燃料电池系统内部主要是通过主 ECU 进行信号采集，采集的信号主要包括电压信号、电流信号、频率信号等。控制器通信方式一般包括 CAN 通信、LIN 通信、FlexRay 通信等，其中 CAN 通信通常称为 CAN bus，是由德国博世（BOSCH）公司研究开发的，现已成为国际标准化组织（ISO）采用的串行通信协议，是目前在国际上应用最广泛的开放式现场总线之一。LIN 通信是一种低成本的串行通信网络，用于实现汽车中的分布式电子系统控制。FlexRay 是一种用于汽车的高速、可确定性的，具备故障容错能力的总线技术，它将事件触发和时间触发两种方式相结合，具有高效的网络利用率和系统灵活性特点，可以作为新一代内部网络的主干网络。

4.4.2 控制策略

燃料电池系统控制策略是保证系统稳定运行的算法，是决定燃料电池系统内所有部件运行方式的规则，也是燃料电池系统的核心技术。燃料电池系统构成复杂，对供气流量、压力、运行温度及湿度等条件有严格要求。系统运行环境、输出功率、运行状态等不断变化，为保证系统安全、平稳、高效运行，燃料电池系统控制策略一般会十分复杂且差异较大。

燃料电池系统控制策略包括启动、功率控制（稳态运行、动态载荷）、停机、安全防护及故障诊断，除满足运行功能外，还应重点考虑燃料电池系统的耐久性及低温启动。

1. 启动

燃料电池系统启动（包括冷启动及热启动）是指系统收到启动要求，运行至怠速功率（或最低连续运行功率）的过程，通常持续数秒至数十秒，运行过程如图 4-13 所示。

系统接收启动指令后，首先进行系统自检，检测系统设备及通信是否正常。第二步，自检通过后，为避免局部热失效，冷却系统启动，氢气、空气通入并启动吹扫，直至开路电压稳定并满足加载要求。第三步，系统进行升载升温，逐步增大燃料电池电流，并提高燃料电池系统运行温度，达到怠速功率（或最低连续运行功率），此时系统具备进一步拉载条件，表明系统启动成功。

2. 功率控制

燃料电池功率控制包含稳态运行及动态载荷控制。燃料电池系统稳态运行是指系统响应功率需求进行稳定功率输出的过程，输出功率与运行参数保持不变。稳态运行条件下，通常会受到外部环境、阳极杂质排除等变化因素影响，控制过程需重点关注以下关键技术：阳极压力稳定控制、空压机的解耦技术以及水热平衡的管理。

3. 停机

燃料电池系统停机是指系统收到停机要求，停止对外输出并关闭系统的过程，通常会持续数十秒甚至数分钟，运行过程如图 4-14 所示。

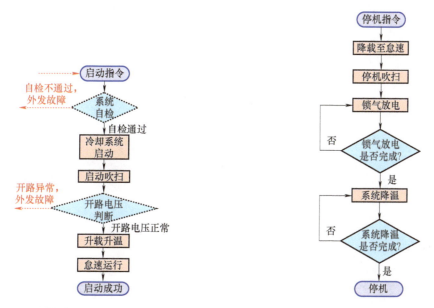

图 4-13　燃料电池系统启动逻辑流程图　　图 4-14　燃料电池系统停机逻辑流程图

系统接收停机指令后，首先进行降载至怠速工况（或最低连续运行功率），然后断开继电器，系统停止对外输出。为排出燃料电池内残留液态水及杂质，通常对阴、阳极进行停机吹扫。完成吹扫后，为避免长周期电极高电位，系统执行锁气放电，关闭阴、阳电极，采用放电方式消耗残留氧气。最后，利用冷却系统进行系统降温，待系统降温完成后系统完成停机。

4. 耐久性

燃料电池的耐久性是目前制约其大规模应用的关键因素。燃料电池系统控制技术中，电极高电位、电化学反应供气不足（欠气）、氢氧界面的形成以及水热管理失衡（膜干燥或水淹）等被认为是影响燃料电池寿命的关键因素，而燃料电池系统启停及动态载荷循环是导致电池性能衰减的主要环节。

5. 低温启动

燃料电池系统工作过程也伴随着水的生成和运输，而在低温环境下（0℃以下），电池内气态或液态水会结冰，从而造成以下问题：

1）冰覆盖在催化层表面，减缓电化学反应的发生，产生的热量不足，使得生成或增湿水进一步结冰，形成负反馈，导致系统无法正常启动。

2）催化层的结冰对电堆的相关材料会造成永久性结构损伤，如：过度膨胀、破损和膜穿透。

目前国内外燃料电池系统一般均能实现-30℃低温冷启动，常用的低温冷启动技术可分为工质加热和电堆自启两类，具体策略如图4-15所示。其中工质加热一般采用外部手段来满足低温冷启动过程快速升温的需求，但其外部加热或保温设备会占用额外空间，消耗能量，增加系统整体成本。

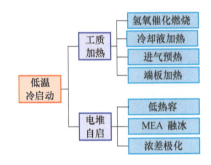

图4-15 燃料电池系统低温冷启动常见策略

6. 安全防护及故障诊断

控制系统的安全预警保护机制设计是燃料电池系统必不可缺的重要环节之一。燃料电池系统实际运行过程中，主要需面对以下5类故障：①传感器故障；②执行器故障；③线路故障；④电堆运行故障；⑤控制器故障。

在实际应用中，传感器故障可通过系统实际采集信息与其规定合理范围或系统实际运行条件比对确认。执行器故障通常在确认系统线路正常条件下，通过执行器在接收控制信号后无反应或反应异常进行判断。线路故障主要通过供电及通信信号波动情况进行判断。电堆运行故障主要包含因系统控制异常、环境鲁棒性差等导致的系统控制参数或电池输出性能偏离既定设计范围，在此故障下长期运行会导致电堆性能快速衰减甚至出现单片反极短路等不可逆损失。控制器故障通常包括内部电路、最小系统、信号采集及输出通信电路由于设计缺失或部分元器件失效造成的系统无法正常工作。

> **知识扩展**
>
> 氢燃料电池系统性能的好坏主要取决于其各个关键部件的性能，当前，已有一些重要部门或组织（如美国能源部）制定了各关键部件性能指标的技术发展目标。在我国科技部发布的《"十四五"国家重点研发计划"氢能技术"重点专项2022年度项目申报指南》中，对兆瓦级发电用质子交换膜燃料电池堆应用关键技术研究内容及考核指标进行了具体规定，其中部分考核指标见表4-7。

表 4-7　氢燃电池系统为主要部件性能部分考核指标

部件	考核指标
电堆	单体电堆功率≥1MW，电效率≥60%；最高工作温度≥95℃，支持-30℃低温启动，电堆寿命≥40000h（实际测试10000h，性能衰减≤5%）
膜电极	在空气端压力不高于150kPa绝对压力的情况下，膜电极在 0.4A/cm² 电流密度处的电压≥0.80V、额定工作点电压衰减率在40000h内≤10%（实际测试8000h，性能衰减≤4%）
气体扩散层	抗纵向弯曲模量≥10000MPa，电导率≥1600S/m，接触电阻≤5mΩ·cm²
双极板	平面厚度差≤20μm，电导率≥200S/cm，在200kPa氢气检测条件下的气体渗透率≤0.2μL/(cm²·min)，在0.6MPa压力下的接触电阻≤5mΩ·cm²

思考题

1. 请简述氢燃料电池系统的组成单元，以及各组成单元主要包括哪些部件。
2. 与传统能量转化技术相比，氢燃料电池技术拥有哪些优势？
3. 请简述膜电极组件的构成，并概述膜电极的典型制备工艺。
4. 氢质子交换膜燃料电池中质子交换膜应满足的要求主要包括哪些？
5. 请简述气体扩散层的主要作用。
6. 请简述双极板的主要功能，并概述不同材料双极板的优缺点。
7. 氢燃料电池辅助系统主要包括哪些部件？
8. 氢燃料电池系统控制策略主要包括哪些？

第 5 章 氢能的应用

氢能由于具有清洁零碳、来源广泛、能量密度高、易于长时间大规模集中储存等优势，被誉为"终极能源"。氢能可在交通运输领域与锂电池协同推动实现全面电动化；也可与大规模的可再生能源耦合，解决调峰消纳难题，助力构建绿色、低碳的新型电力系统；同时，面向减碳压力巨大的石油炼化、炼钢与化工等领域，氢能作为原料或燃料替代品将助力这些领域实现深度脱碳；在发电领域，热电联产的推广应用将有助于降低建筑的碳排放。未来，氢能将全面渗透入人们的生产生活当中，塑造新的生产关系与生活方式。

5.1 氢能在交通中的应用

氢可以显著减少货车、公共汽车、飞机和船舶排放的温室气体，改善空气质量。为实现碳中和，全球主要国家都在不断推出氢能政策，尤其是作为氢能最大应用场景的交通领域，氢能的发展更是迅猛。氢能源除了在商用车辆等汽车领域的使用，在飞机、船舶等各种交通工具上也有所应用，氢能源在交通领域的应用有非常广阔的前景。氢能源在交通领域的广泛应用还得益于氢能产业链的形成，能源企业的研究和发展弥补了很多氢能源应用的短板。

5.1.1 氢燃料电池汽车

在"碳达峰""碳中和"背景下，国内氢能及燃料电池汽车产业发展迅速，燃料电池汽车技术水平快速提高，市场规模不断扩大，应用场景逐渐丰富，示范推广区域快速增加。随着"双碳"目标的进一步实施和燃料电池汽车示范城市群启动，我国燃料电池汽车行业必将迈进一个新的发展阶段。

新型燃料的研发对汽车行业的转型发展尤为关键，以氢气为能源的氢燃料电池电动汽车（FCEV）是我国新能源汽车三大技术路线之一，其工作原理是氢气和氧气通过电化学反应产生电能，输出的电能通过电机高效转换为机械能驱动汽车行驶，其优点是使用过程中是零尾气排放且产物只有水，环保性能佳而且氢燃料利用效率高。相比传统燃油汽车，氢燃料电池汽车具有排放物无污染的优势；相比纯电动汽车，氢燃料电池汽车具有更高的续驶里程以及更短的充能时间等优势。缺点是当前氢气燃料的综合成本比传统燃油、电力等能源形式要高，氢燃料电池汽车的成本也比同类型燃油汽车和纯电动汽车要高。此外，氢气作为易燃易爆危险化学品，在生产、运输、加注和使用过程都存在一定的安全隐患。

目前，我国的燃料电池汽车商业化运营主要集中在公交和物流领域，与现阶段燃料电池汽车的中长途、中重载、固定路线运载定位相符。其中，中长途指行驶里程为400~800km，在此距离范围内燃料电池汽车与纯电动汽车相比续驶优势更加明显；燃料电池及储氢系统质量能量密度远高于纯电动汽车动力电池，大幅提升了中重型货车载货能力；固定路线指车辆运营路线相对固定，便于布局加氢站等配套基础设施。

2021年我国燃料电池汽车产、销量分别为1777辆和1586辆，同比分别增长48%和35%，共建成218座加氢站。现阶段我国氢燃料电池汽车行业处于起步阶段，以氢燃料电池商用车辆为主。随着5大示范城市群相继落地，"十四五"期间燃料电池汽车及加氢站有望迎来大面积推广。根据中国汽车工程学会组织编制的《节能与新能源汽车技术路线图2.0》，2025年我国氢燃料电池汽车保有量将达到10万辆左右，加氢站1000座；2030年氢燃料电池汽车保有量将达到100万辆左右，加氢站5000座。预期2021—2025年我国氢燃料电池汽车年复合增长率有望达到68%，预期市场规模有望达到800亿元。

当前氢燃料电池汽车所处的发展阶段与2010年前后纯电动汽车的发展步伐相似。在政策层面，国家级技术标准的制定，中央与地方的相关产业政策与规划的出台以及在试点城市实行的补贴政策，有力推动了产业的前期发展；在应用层面，优先推广商用车辆可以有效带动乘用车领域市场需求。氢能在客车、货车、物流车、工程车辆等商用车辆上的应用是行业趋势，尤其是在31t以上重型货车领域，燃料电池汽车技术应用前景广阔，发展潜力巨大。

2022年北京冬奥会开幕式上使用氢燃料点燃北京冬奥会赛场的主火炬，示范运行超过1000辆氢燃料电池汽车（图5-1），配备30多个加氢站，是全球规模最大的一次燃料电池汽车运行示范，来自丰田汽车、北汽集团、宇通客车、福田汽车等车企的氢燃料电池汽车均投入到此次冬奥会中。中国石油、中国石化、国家电投等企业均参与了冬奥会交通干路沿线加氢站的建设，其中，中国石油在北京冬奥会赛区建成4座加氢站，冬奥会期间的供氢能力达到5500kg/d，服务近千辆氢燃料电池赛事用车。

在美国加利福尼亚州（简称"加州"），由于空气污染相对严重，州政府近20年来一直鼓励将氢作为乘用车、客车和货车燃料来源，推动加州成为全球燃料电池汽车发展最成功的地区之一。美国各州中，加州氢燃料电池汽车数量最多，加氢站网络覆盖面积处于全球领先水平。目前，多家跨国车企在加州布局了氢燃料电池汽车业务，包括丰田、通用、本田、现

图 5-1　用于 2022 年北京冬奥会赛事服务的氢燃料电池汽车

（资料来源：国家电投氢能科技发展有限公司）

代、福特、奥迪、日产等。加州与美国能源部国家实验室等学术机构建立了广泛的合作伙伴关系，以加快关键技术研发。此外，加州政府提出了低碳燃料标准（LCFS），明确规定了低碳燃料的碳排放限值等，值得我国学习借鉴。

5.1.2　氢燃料电池船舶

氢燃料电池船舶是一种以氢燃料电池系统为动力来源的船舶，与传统动力船舶相比，氢燃料电池船舶完全无污染、零排放、噪声低且操作简便，非常适合于对环保要求严苛的景区、内河等观光、游览场景。与纯电动游船相比，氢燃料电池游船在载重量大幅提升的情况下能保证长续航里程、加氢方便快速（单次加氢 5~10min，较充电时间缩短 60%~80%），可满足景区、内河或保护区等观光、游览、监测场景下对效率与快捷的追求。

目前，对于船用燃料电池系统及应用的研究主要集中在欧洲。自 2003 年挪威平台供应船 "Viking Lady" 成为全球第一艘以燃料电池作为混合动力的商业运营船舶以来，欧洲及美国、日本、韩国等发达国家先后开展了船舶氢燃料电池应用研究，部分研究已进入商业营运阶段。2018 年 7 月，美国在旧金山湾区开工建造了首艘氢燃料电池客船 "Water-Go-Round"，该船长 21m，最高航速可达 22kn，可搭载 84 名乘客。21 世纪以来，日本也开始进行燃料电池技术船用领域的研究，相较于车用燃料电池技术，其在船用领域起步较晚，但得益于日本燃料电池领域的技术优势，其发展较快。2015年初，在日本政府大力支持下，日本户田建设与雅马哈发动机公司联手开发氢燃料电池船舶，当年年底在渔船上实现了实船试航，其最高速度可达37km/h，每次加氢可运行2h左右。另外，三菱重工、Flat Field等企业对燃料电池在船舶领域的应用也有着持续的研究。由日本海洋研究开发机构（JAMSTEC）研制的世界第一艘采用氢氧燃料电池动力的深海科学考察巡航器已经试航。韩国自2010年以来，加大了对船用燃料电池技术的研究和政府资金支持，韩国政府制定了船用燃料电池的长期发展战略规划，韩国的大型船厂与企业都参与了政府牵头的船用燃料电池研发项目或自主研发，其主要定位是研发建造液化天然气（LNG）燃料推进船、沿近海政府公务船、沿近海商用客船和客货滚装船。

国内对船用氢燃料电池推进技术的规范研究工作主要集中在中国船级社。2017年12月，中国船级社发布了《船舶应用替代燃料指南》，其中规定了燃料电池船舶的各项设计与检验要求。国内对船用氢燃料电池推进技术的工程化研究工作主要集中在中国船舶集团公司第七一二研究所，通过承担国家政府科研项目，在舰船和水下装备领域的氢燃料电池动力系统的技术攻关工作中积累了丰富的研制经验，在氢燃料电池堆、氢源技术、控制与能量管理、系统集成等方面取得了关键技术突破，在船用氢燃料电池推进技术领域处于国内领先地位，具备较好的技术基础储备。中国船舶集团公司牵头开展了国内首艘氢燃料电池动力试点船舶研发工作，目前已完成基本设计工作（图5-2），并获得了中国船级社的原则认可（AIP）证书。

图5-2 国内首艘氢燃料电池动力试点船舶设计方案

虽然我国船用氢燃料电池推进技术取得了长足的进步，但与国外先进国家相比仍存在差距：①船用氢燃料电池推进装置的发展战略与目标亟待确立；②氢燃料电池船舶领域政策法规与标准规范研究不足；③船用氢燃料电池推进技术工程化的部分关键技术（氢燃料电池堆船用化技术，船用高安全、高储氢密度氢源技术，船用氢燃料电池系统集成技术）有待突破；④船用氢燃料电池配套基础设施建设缺乏。

5.1.3 氢动力航空

1. 氢动力飞机

近年来，由于人们对于环境保护的意识不断提升，脱碳已经成为航空业面临的一大挑战。据统计，目前全球航空运输业每年的二氧化碳排放量超过 9 亿 t，约占全部人类活动碳排放的 2%。因此，全球范围内的监管机构近年来都在逐步推动行业减排。事实上，不仅是二氧化碳，传统航空燃气涡轮发动机工作时产生的氮氧化物、烟尘以及水蒸气也会对环境造成不利影响。面对这一严峻的形势，氢能飞机的优势与潜力正在逐渐显现。与喷气燃料（航空煤油）和可持续航空燃料（SAF）相比，氢动力可以完全消除二氧化碳以及其他温室气体的排放；与常规电池相比，液态氢无论是在质量上还是体积上都具有更高的能量密度。

目前，氢能飞机的动力主要包括氢燃料电池、燃氢发动机等，相较于氢燃料电池，燃氢发动机的发展较为缓慢，这跟氢燃料与喷气燃料的许多特性的不同有密切关系，航空发动机从燃油到燃氢，给结构设计尤其是燃烧室的设计带来了挑战。20 世纪 80 年代，苏联便在航空发动机上使用氢燃料开展了试验研究，在图-155 飞机上成功测试了 NK-88 双燃料（煤油和氢）发动机。20 世纪 90 年代后，氢能飞机的研究从军用扩展至民用。2020 年 9 月，空中客车公司发布了 3 个系列名为 ZEROe 的氢能概念飞机：涡扇氢混合动力飞机、涡桨氢混合动力飞机和翼身融合混合动力飞机，如图 5-3 所示。其中，涡扇氢混合动力飞机由两台氢燃料涡扇发动机提供动力，液氢储存和分配系统位于后增压舱，预计能搭载 120~200 名乘客，航程为 3700km 左右；涡桨氢混合动力飞机的液氢储存和分配系统设计与前一种类似，只是换成了两台氢燃料涡桨发动机驱动八叶螺旋桨提供推力，搭载乘客 100 名左右，瞄准短程飞行市场；翼身融合混合动力飞机液氢储罐位于机翼下方，内部空间较为宽敞，主动力仍为两台氢燃料涡扇发动机。

图 5-3　ZEROe 氢能概念飞机示意图

氢动力飞行真正变成现实，需要对飞行器进行重大革新，意味着从机体布局到发动机，再到燃料储存系统，几乎所有的部件都需要重新设计。氢能飞机仍由改进后的涡轮发动机提供动力，鉴于相对喷气燃料，氢燃料的体积能量密度较低，有必要改变机舱布局、增加机体尺寸以加大氢燃料储存能力，同时会带来飞机气动外形的变化。同时要整合电动机、电力电子设备等分布式推进系统，传统飞机的机身组合结构更会被彻底取代。另外，液态氢的储存需要极低的外界温度，冷却所需的能量甚至相当于燃料自身能量的45%，不但导致了复杂而沉重的隔热壳体设计，从储存到运输的过程中不可避免也伴随着巨大的能量损失。显然，为了充分发挥液氢的高能量密度，必须在轻量化储罐、推进低温冷却系统设计方面取得重大进展。氢能飞机的发展前景还与氢能供应密切相关：第一，工业用氢目前只有4%是通过水电解制备的，其余如天然气蒸汽转化法和煤气化法等都会产生副产物二氧化碳，这与利用氢能源实现航空业低碳发展的初衷是完全违背的，而即便是水电解制氢如果不利用可再生能源发电的话也无法成为"绿色"氢能源；第二，"绿色"氢气的生产成本接近喷气燃料的3倍，燃料成本高昂；第三，氢能源基础设施建设应与技术攻关同步进行，其中的关键就是如何由工厂向机场输送液氢以及如何在机场给飞机加氢，目前有研究表明利用现有天然气网络改造实现氢气运输是可能的，前提是需要大量的资金支持。

2. 氢动力无人机

燃料电池无人机是新能源技术与航空科学技术的结合，是未来绿色航空发展的重要方向。燃料电池无人机以燃料电池为动力，相较于锂电池，燃料电池有更高的能量密度。燃料电池无人机低噪声、无污染、长航时的特性使其应用领域广泛，并且有较低的热红外特性，不易被发现，非常适合长时间侦察任务。目前无人机上使用最多的是质子交换膜燃料电池，其反应温度适合无人机的工作环境，并且有较高的能量密度与功率密度。国内第一架纯燃料电池无人机由同济大学与上海奥科赛飞机有限公司共同设计并试飞，辽宁通用航空研究院试飞了国内第一架采用复合材料机身的燃料电池-锂电池混合动力无人机。

2022年北京冬奥会期间，国家电投氢能科技发展有限公司和中国商飞北京民用飞机技术研究中心共同合作开发的三款无人机（图5-4）投入应用，其中两款用于巡线，一款用于移动基站和拍摄任务。

5.1.4 氢动力轨道交通

传统的轨道交通一般包括传统铁路、地铁、轻轨和有轨电车，是全球公共交通运输的重要组成之一，拥有运输量大、安全舒适、准点率高、受天气影响低等优势，同时也有着前期投资大、投资建设周期长、技术要求高且占用空间大等缺点。目前，传统的轨道交通已经逐渐从采用内燃机技术向新能源化和电气化技术方向转型，而燃料电池作为最有潜力的新能源技术之一，成为轨道交通发展的方向。

图 5-4　2022 年北京冬奥会应用无人机

（资料来源：国家电投氢能科技发展有限公司）

1. 氢动力机车

燃料电池机车目前已成为交通领域的重点研发对象。2002 年，美国能源部、美国 Vehicle Projects 公司和加拿大 Placer Dome 矿业公司联合开发了首台质子交换膜燃料电池动力矿用机车样车，采用两个燃料电池堆串联，提供 126V 电压和 135A 电流，净功率达 17kW，车辆采用金属氢化物储氢，可维持机车连续运行 8h。2007 年，日本铁路公司（JR）与日本铁道综合技术研究所（RTRI）联合开发了世界首列燃料电池-蓄电池混合动力动车组，整个动车组装载两台 65kW 质子交换膜燃料电池和 1 块电量为 19kW·h 的锂离子电池，6 个 35MPa 气瓶储存 720L 氢气，续驶里程可达 100km，列车在长野地区商业线路上完成了燃料电池发电效率、测量里程及运行安全评估等运营测试。2016 年，法国阿尔斯通公司推出氢燃料电池铁路列车，搭载两台 198kW 燃料电池，并配备了两组额定输出功率为 111kW 的锂电池，可搭载 300 名乘客，最高时速可达 140km/h，续驶里程达 600~800km。

2. 氢动力有轨电车

氢燃料电池有轨电车使用氢燃料电池技术，通过氢与氧的直接电化学反应发电，突破了燃料电池-超级电容混合动力牵引和控制等一系列关键技术，完全取消受电弓和接触网，实现污染物"零排放"和全程"无网"运行。氢燃料电池有轨电车在运行过程中的产物只有水，因此它是一种极为环保的交通工具，行驶平稳、乘坐舒适且噪声小。

5.2　氢能在储能中的应用

储能技术主要指通过装置或物理介质将能量储存起来，以方便需要时应用的技术，主要有储电和储热两大类。通常储能技术将可再生能源电力储存起来，在需要时释放，以保障可再生能源发电装置持续、稳定的电能输出，提高电网接纳间歇式可再生能源的能量。储能技术一般可分为物理储能（如抽水储能、压缩空气储能、飞轮储能）、化学储能（如铅酸蓄电池、锂离子电池、钠硫电池、液流电池）、电磁储能（如超级电容器、超导储能）、热储能（如将热能储存在隔热容器）等。

近年来，随着越来越多的国家和地区将氢能发展作为国家能源战略计划，氢能得到飞速发展，与此同时，氢能的储能性质也逐渐显露。在 2021 年我国国家发展改革委、国家能源局印发的《关于加快推动新型储能发展的指导意见》中明确将氢能纳入"新型储能"范畴，而在 2022 年发布的《"十四五"新型储能发展实施方案》中明确将氢储能作为新型储能核心技术装备攻关重点方向。

作为一种新型储能介质，氢能热值高，燃烧产物只有水，能以气态、液态的形式储存在储氢罐中，或以固态的形式储存在储氢材料中，且具有以下优势：①氢能和电能之间通过水电解与燃料电池技术可实现高效率的相互转换；②压缩的氢气有很高的能量密度；③氢气具有成比例放大到电网规模应用的潜力。氢作为储能介质主要应用于光（风）储氢电一体化、燃料电池分布式发电等场景。

5.2.1 光（风）储氢电一体化

光（风）储氢电一体化是基于风光互补发电、水电解制氢、储氢、氢燃料电池等技术的风光互补发电耦合氢储能系统，以氢为能源载体，是实现可再生能源-氢能-电能规模化应用的重要途径。由于太阳能和风能在时间（昼夜、季节）和空间上具有天然性的互补优势，因此，光伏发电和风能发电可以组成功率输出在时间上互补、可调节范围大的高效电力系统。但电能无法直接储存，且电网并不能实时消纳所有的发电量，因此，储能系统成为风光互补系统中的关键部分，通过充电、放电的削峰填谷实现对电力系统功率和能量的转移储存，有效缓解弃风、弃光等现象。

典型的光（风）储氢电一体化系统主要包括光伏发电装置、风力发电装置、逆变器和系统控制器，以及由蓄电池、电解槽、储氢罐和氢燃料电池组成的氢储能单元，如图 5-5 所示。光伏发电、风力发电装置分别利用太阳能、风能发电，是该系统的能量输入单元。逆变器可以完成系统直流-交流电力转换，保证系统内部各装置单元之间的能量传输平衡。电解槽用于水电解制氢，将非稳态电能转化为氢能，所得氢气通过储氢罐储存起来。随后，氢能可直接通过氢燃料电池输出为稳定电能，将电能重新释放到电网上。控制器负责系统各单元工作状态的监控以及系统能量转化的综合调控，根据收集的实时信息对上网功率、制氢功率及燃料电池发电功率进行决策，是保证系统安全可靠稳定运行的基础。蓄电池储存少量电能，用于系统开机、短时电力输出补充和紧急情况等，保障系统正常运行。

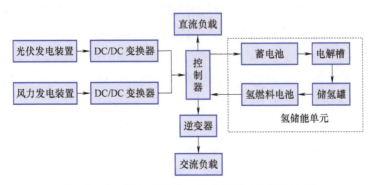

图 5-5　光（风）储氢电一体化系统主要装置布局

氢储能是解决可再生能源特别是风电和光伏发电消纳问题的重要途径。当前，我国多个省份积极推进光（风）储氢电一体化项目，并开展了相关示范项目。在政策推动方面，2022 年，内蒙古乌海市重大项目集中签约，其中新能源领域涉及总投资 490.9 亿元，致力打造风光氢储用一体的新能源产业基地；四川省在政府工作报告中提出要加快推动水风光气氢多能互补一体化发展。在项目落地方面，2021 年，中国能建投资公司、葛洲坝集团三峡建设公司与潍坊市滨海区签订风光储氢一体化项目建设协议，涉及光伏发电、电化学储能、氢能等，后期将根据发展需要建设海上风力发电项目；2022 年 2 月，中国能建数科集团与内蒙古自治区科尔沁右翼中旗人民政府签署规划建设 900MW 风电+300MW 光伏+200MW/800MW·h 压缩空气储能+2×500Nm³/h 水电解制氢项目，通过"绿色电力、绿色储能、绿色氢能"循环能源一体化模式，带动地区新能源与绿色装备产业落地。

光（风）储氢电一体化的发展对可再生能源的规模化应用具有重要意义，但是在目前还存在诸多问题，特别是在氢储能部分。氢储能工艺流程长，除水电解制氢外，氢储能还涉及储存、发电等环节。当前氢储能各环节产业化程度均较低，规模化发展尚需时日；在制氢环节，水电解制氢的成本明显高于传统化石能源制氢；在储存环节，高安全大规模储氢技术路线与资源潜力尚不清晰；在应用环节，绿氢或将在交通、工业领域以燃料或原料形式率先得到推广，氢发电的规模化应用仍有较大挑战。此外，目前国内还缺乏氢储能地质资源潜力评估，项目数据积累不足，经济性分析方法不完善，导致氢储能的战略定位尚不清晰，市场对氢储能投资意愿不足。

此外，光（风）储氢电一体化系统中，储能不但能够调节电网的功率，还能带来收益。例如，一些地区存在用电波峰期电价高、用电波谷期电价低的电价差，可以应用氢储能在用电波谷期进行制氢（电能转化为氢能），然后在用电高峰期进行氢能发电（氢能转化为电能）并将电力释放到电网上进行电力销售。以 0.2 元/(kW·h) 波谷电价计算，发电侧可再生能源制氢的成本大约为 10 元/kg，按照每千克氢气发电 20kW·h 和波峰 0.5 元/(kW·h) 售电价格计算，氢储能收益为 10 元/(kW·h)，与制氢成本持平；波峰波谷电价差越大，氢储能的经济效益越好。此外，若以可再生能源弃电等可认为是零成本的电力来制氢，氢储能也具有很好的经济性。从长期来看，随着可再生能源发电渗透率的提升，电价峰谷差将逐步增大，火电等可调节电源将陆续退出，氢储能的安全备用、季节性调峰的价值日渐凸显，未来氢储能的综合经济性有望大幅提升。

5.2.2 燃料电池分布式发电

相较于传统的集中式生产、运输、终端消费的用能模式，分布式能源供给系统直接向用户提供不同的能源品类，能够大幅减少运输消耗，并有效利用发电过程产生的余热，从而提高能源利用效率。氢燃料电池分布式发电是采用氢燃料电池替代传统火电、水电等的发电机组，具有效率高、噪声低、体积小、排放低的优点，适用于距离用户较近的千瓦至兆瓦级分布式发电系统。

目前，磷酸燃料电池（PAFC）、固体氧化物燃料电池（SOFC）和质子交换膜燃料电池（PEMFC）三类燃料电池均可用于分布式发电。其中，PAFC 技术最为成熟，最早开始商业化，SOFC 具备对燃料没有特定要求、发电效率更高、不需要贵金属铂催化剂、成本较低等优点，PAFC 和 SOFC 均可用于大型分布式发电系统。PEMFC 需用到贵金属铂催化剂、燃料对 CO 浓度有很高的要求、成本较高，但启动速度快、体积功率密度高，通常用于小型分布式发电系统。三类燃料电池分布式发电装置优缺点比较见表 5-1。

表 5-1 三类燃料电池分布式发电装置优缺点比较

	磷酸燃料电池（PAFC）	固体氧化物燃料电池（SOFC）	质子交换膜燃料电池（PEMFC）
优点	启动时间较短；技术最为成熟	对燃料没有特定要求，易重整即可；发电效率高；不需要贵金属铂催化剂；成本较低	发电效率高；启动速度快；寿命较长
缺点	发电效率较低；酸性电解质具有腐蚀性，影响寿命；需要贵金属铂催化剂；燃料对 CO 浓度有较高的要求（<1%）；系统需配备净化装置	启动时间长；对材料耐高温性有要求	需用到贵金属铂催化剂；燃料对 CO 浓度有很高的要求（<0.001%），系统需配备两道净化装置；成本较高
应用	大型商用分布式发电	大型商用分布式发电	交通；小型家用分布式发电；应急电源

燃料电池分布式发电主要应用领域是微型分布式热电联产（CHP）和大型分布式电站。微型分布式热电联产是指利用小型燃料电池或驱动发电机的发动机，同时为小型建筑的供暖、通风和空调等提供电力和热量；微型热电联产可能主要跟随热需求发热，供电作为副产品，或者可能会跟随电力需求发电，热量是副产品。大型分布式电站通常是指利用分散式资源，装机规模较大的、布置在用户附近的发电系统。

目前全球燃料电池分布式发电主要由美国、韩国和日本三个国家推动。美国的 Bloom Energy 公司在 2009 年就已开始数百千瓦到数兆瓦的中型 SOFC 分布式发电系统的商业化应用，发电效率达 60% 低热值以上，当前主要发展 SOFC 大型商用分布式发电。韩国主要发展 PAFC 大型商用分布式发电，2020 年 7 月，由斗山集团投资建设的大山氢燃料电池发电厂正式投入运营，该发电厂装配了 114 台斗山 PureCell M400 型号磷酸燃料电池（额定输出功率为 440kW），燃料电池总装机量达到 50MW，是当时全球最大的燃料电池发电项目，发电量可达 $40×10^5$ MW·h，可为附近约 16 万户家庭提供 24 小时电力。

我国的燃料电池分布式发电系统起步较晚，总体还处于研究阶段，目前已有几家机构推出了基于各种类型燃料电池的发电系统，例如：中国科学院大连化学物理研究所研制出的 10kW PEMFC 分布式发电系统，实现了天然气重整 PEMFC 一体化热电联产；2020 年 10 月，国家能源集团开发的国内首套 20kW 级 SOFC 发电系统试车成功。但大型发电系统相关开发尚处于探索中，总体上还停留在小型样机的研发和示范阶段，商业化示范应用案例较少，尤其是 SOFC 分布式发电的技术水平较国外仍有一定差距。

5.3 氢能在工业中的应用

氢气是最常见的工业气体之一，现阶段我国氢气消费量的 70% 以上用于工业原料，主要作为重要的石油化工原料用于生产合成氨、甲醇，石油炼制过程的加氢反应，以及作为还原剂应用于钢铁还原反应中，其中仅合成氨每年耗氢量就达 1000 万吨。在这些应用中，石油炼化和氨生产对氢气的需求量占比最大，分别能达到约 33% 和 27%，钢铁行业目前用氢量较少，仅为 3% 左右。使用氢能替代传统的含碳工业原料，可以大幅降低工业领域的碳排放，推动工业的深度脱碳，对我国乃至全球的碳达峰、碳中和目标都具有重大意义。2021 年 11 月工业和信息化部印发《"十四五"工业绿色发展规划》，明确提出"鼓励氢能、生物燃料、垃圾衍生燃料等替代能源在钢铁、水泥、化工等行业的应用"。

5.3.1 石油炼化

目前主要的石油提炼过程包括调整石油资源中的碳氢比例，根据产品需要调整碳氢比例，以及最终生产新的石油化工产品。主要工艺分为两部分，即精炼石油的脱碳过程和氢化过程。石油加氢技术的原理是在原油中加入以携氢为主的氢气混合物作为精制反应的催化剂，即氢解反应，进一步在原油原料中生成氢元素和炔烃发生化学反应，最终生产出所需的烷烃。石油加氢技术是石油提炼过程中减少污染气体排放的重要技术手段。目前使用最多的加氢技术有两种，一种是将一氧化碳和氢气混合，然后注入原油进行加氢；另一种是将相关的有机化合物直接与氢气混合，然后注入原油进行加氢。利用加氢技术，可以精制出辛烷值较高的汽油和含硫量较低的柴油。

在催化剂的作用下，重油可以变为碳、氢原子含量较高的油种，如汽油、柴油等等，但是在炼制过程中不仅仅对于催化剂的使用有一定的要求,同时对于反应温度与压强也提出了相应的标准。在正常情况下,温度需要控制在500℃左右,而压强则在0.2MPa为宜,这样的条件最有利于重油反应物的裂解,提高油料中氢元素的含量。

当前由于全球范围的过度开采,许多油田面临枯竭并正在进行二次开发,因此,石油市场中重质石油及低质量石油所占的比例逐年上升,在这种低质量石油中,硫、碳元素的含量比过去高。而石油加氢技术是石油提炼过程中减少污染气体排放的重要手段。因此,加氢技术在石油炼制工艺中的地位日趋提升,已经成为最重要的前沿石油加工技术之一,将其应用于石油炼制过程可以有效减少石油炼化污染以及缓解世界能源危机,在保证石油炼制品质的同时提高了轻质油的生产量,确保了能源供给。

近年来,随着原油劣质化和环境保护的日益加强,燃料清洁性标准不断提高,加氢工艺快速发展,炼油厂对氢气的需求剧增,已成为仅次于原油的第二大原料,寻求清洁、低成本氢源,已经成为炼油厂需重点考虑的问题。

5.3.2 氢炼钢

世界钢铁协会统计数据显示,全球平均每生产1t钢会排放1.8t CO_2,钢铁行业 CO_2 排放量约占全球 CO_2 总排放量的6.7%,而我国作为钢铁大国,钢铁行业碳排放量占全国碳排放总量的约15%。在传统的工艺流程中,需要在高炉中消耗300kg的焦炭和200kg的煤粉作为还原剂,才能生产出1t生铁。在碳中和目标下,钢铁行业面临巨大的减碳压力。这种情况下,利用绿氢在铁还原环节对煤粉、焦炭进行规模化替代,大大减少污染物的排放和碳排放,可以实现钢铁行业深度脱碳目标。可以说,氢冶金是钢铁行业实现碳中和目标的革命性技术。

目前,基于碳冶金的钢铁行业碳排放量巨大。长流程高炉炼铁碳排放量约占整个钢铁生产碳排放的70%。2020年钢铁行业用焦炭量约为3亿t,仅焦炭带来的碳排放就达到11亿t。鉴于钢铁行业碳中和目标的紧迫性,钢铁行业必须采用突破性的低碳炼铁技术减少碳排放或通过碳捕集与封存(CCS)技术实现脱碳。氢冶金减碳技术路线主要分为两种:富氢还原高炉和氢气气基竖炉直接还原炼铁,其中富氢还原高炉技术碳减排可达10%左右,氢气气基竖炉直接还原炼铁碳减排潜力达到50%~95%。

2021年5月,河钢集团在河北省张家口市启动建设"全球首例富氢气体零重整竖炉直接还原氢冶金示范工程",从改变能源结构入手,推动钢铁冶金工艺变革。2021年12月,宝武集团在湛江钢铁基地开工建设全球首套百万吨级、具备全氢工艺试验条件的氢基竖炉直接还原示范工程及配套设施,可按不同比例灵活使用焦炉煤气、天然气和氢气。此外,首钢、建龙、酒泉钢铁、日照钢铁等钢铁企业也建立了低碳冶金示范项目。

氢气作为氢冶金的基本原料,其供求关系直接影响氢冶金的推进速度。综合我国钢铁行业政策规划、专家访谈及数据分析,预计到2030年氢冶金钢铁产量可达0.21亿~0.29亿t,

占全国钢铁总产量的 2.3%~3.1%；氢冶金的氢气需求量为 191 万~259 万 t，其中约 92% 来自焦炉煤气，剩余约 8% 来自水电解制氢。预计到 2050 年，氢冶金钢铁产量为 0.96 亿~1.12 亿 t，氢冶金的氢气需求量为 852 万~980 万 t，其中焦炉煤气提供约 17%，剩余约 83% 来自绿氢，如图 5-6 所示。

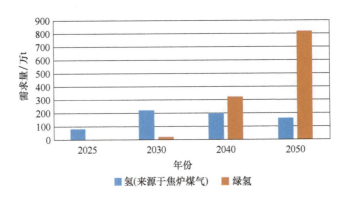

图 5-6　氢冶金氢气需求中氢的来源

（资料来源：中国电动汽车百人会氢能中心《碳中和目标下的氢冶金减碳路径与应用前景》）

氢气成本是决定氢冶金市场竞争力的关键因素。"十四五"期间，钢铁行业有望纳入碳排放权交易。随着碳价的提高，氢冶金对绿氢的价格接受度也将提升。参考发达国家经验及我国碳交易实践，预计到 2030 年碳价将达到 200~250 元/t CO_2，若届时绿电价格达到 0.15 元/(kW·h)，水电解制氢电耗达到 4.5kW·h/kg H_2，则绿氢成本将降至 10.5~11.2 元/kg H_2，氢冶金经济性将得以显现。尤其在可再生能源富集地区，绿氢成本具有较大下降空间，适宜开展绿氢冶金示范应用。仅考虑 H_2 和 CO_2 价格时，氢冶金的竞争性成本优势分析如图 5-7 所示。

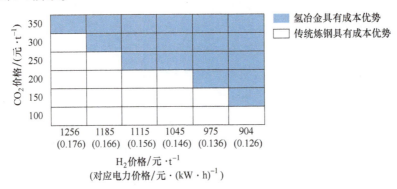

图 5-7　氢冶金的竞争性成本优势分析（仅考虑 H_2 和 CO_2 价格）

（资料来源：中国电动汽车百人会氢能中心《碳中和目标下的氢冶金减碳路径与应用前景》）

5.3.3 绿色甲醇、绿氨

我国合成氨产量基本稳定，预计氢气需求保持在 1000 万 t/a 左右。在炼化行业，由于生产结构和产品结构调整及需求的增加，氢气需求将保持稳定增长。由于甲醇化工和甲醇燃料需求仍将增长，中间氢气产能产量相应增加，其他大多数用氢产品（己内酰胺、过氧化氢、精细化工等）的氢气用量也将随产量扩大而提升。总体而言，碳中和目标下，未来 10 年化工行业对氢气的需求量将明显增长，低碳氢或零碳氢将逐步成为基本化工原料。

在化工领域绿氢替代灰氢方面，国内企业也已开展了技术示范。如宝丰能源集团在银川市宁东能源化工基地建立了全国最大光伏制氢项目，以绿氢作为原料推动煤化工生产过程绿色转型。宁东基地通过发展氢能，推动了煤炭清洁高效安全利用和能源转型，确保煤化工项目煤制氢替代比例达到 13% 以上。此外，基于绿氢的"绿色氨""绿色甲醇"也逐步铺开，如协鑫集团计划在埃塞俄比亚建立一座年产 400 万 t 的氨工厂，开展天然气制氨及液氢相关业务；2021 年 8 月，中设集团计划在西北开发首个面向国际市场的"绿氢"合成制取"绿色氨"项目。这些规模化示范项目有助于突破绿氢技术堵点，大幅降低用氢成本，为规模化绿氢制取提供广阔的应用市场。

二氧化碳耦合绿氢化工发展路径示意图如图 5-8 所示。大规模、低成本、持续稳定的氢气供应是化工领域应用绿氢的前提。尽管短期内化工领域绿氢应用面临经济性挑战，但随着可再生能源发电价格持续下降，到 2030 年国内部分地区有望实现绿氢平价。届时，绿氢将进入工业领域，逐渐成为化工生产常规原料。低成本的绿氢有望重构化工行业格局，突破化工行业"双控"天花板，打开化工行业转型发展新局面。

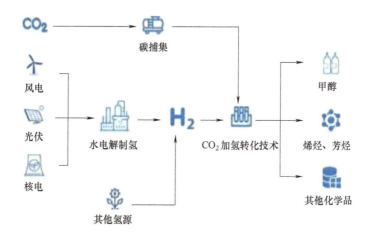

图 5-8 二氧化碳耦合绿氢化工发展路径示意图

5.4 氢能在发电中的应用

5.4.1 热电联产

中国的城镇化水平快速提升带动了建筑规模的持续增长,我国建筑领域的能源消费与碳排放已成为全社会能源消费与碳排放的重要组成部分,我国正处于能源供给与消费方式变革的关键节点。在建筑领域,采暖和生活热水约占居民住宅能耗的80%。根据统计,目前仅在我国北方地区建筑物冬季采暖消耗的能源就高达1.3亿t标准煤,占全国能源生产的11%,向空气中排放的CO_2达1.9亿t,SO_2为300多万t,烟尘为30多万t。为了降碳节能,我国需改进供暖供热方式,加快发展多种清洁供热方式。分布式能源就是清洁供热方式的一种,分布式能源是指分布在用户端的能源利用系统,能够在消费地点发电,利用发电的能量生产热能和电能的新型供能方式。热电联产(CHP)作为绿色清洁供暖方式和分布式能源系统双方的优选,受到了各个国家和地区的广泛关注。

将热电联产与建筑相结合,使建筑的热、电需求由现场或附近的热电联供装置满足,这种系统与传统集中式供能相比,避免了远距离传输和分配的损失,同时通过有效回收利用发电过程中产生的余热,为建筑提供热能,提高了能源的利用率(热电总效率超过80%),实现了能量的梯级利用。对传统集中式电网供能来说,是一种削峰填谷、稳定电价、提高电网安全的有效解决方案。目前,可作为建筑热电联产原动机的装置主要有内燃机、微型燃气轮机、燃料电池等。燃料电池具有能量转换效率高、燃料选取范围广、功率密度大、安静无污染等特点,成为业界关注的焦点。燃料电池热电联产系统示范图如图5-9所示。

日本在燃料电池领域处于世界领先水平,其于1990年启动了CHP研究开发与示范项目,开发了以天然气为燃料的1kW质子交换膜燃料电池热电联产系统——ENE-FARM;2004年,松下等公司相继研发出自己的燃料电池产品,由于技术成型,2005年燃料电池第一次进入日本家庭;2009年日本开始大范围推广家用燃料电池分布式发电系统,该系统采用热电联产模式,目前系统综合效率超过95%,700W输出功率可基本满足一般家庭60%~90%的用电;2002年三洋电机公司研发的普及型PEMFC产品,由电池本身及蓄热槽2部分构成,它以城市煤气为燃料,具有成本低、体积小、耐久性好的优点,可满足日本居民热电需求。十余年来,日本各品牌ENE-FARM产品累计销售30余万套,已成为全世界最成功的燃料电池热电联供系统应用项目,日本政府的长期目标是到2030年安装530万台燃料电池。

在国内,2021年4月,全国首个氢能大规模推广应用示范项目"氢进万家"落户山东,示范工程选取济南、青岛、潍坊、淄博四市共同组织开展示范。该项目实施周期为5年(2021—2025年),重点围绕"一条氢能高速、两个氢能港口、三个科普基地、四个氢能

第 5 章 氢能的应用

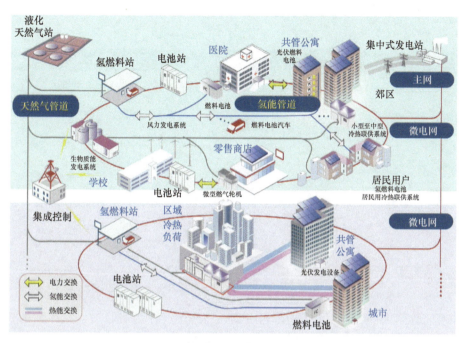

图 5-9 燃料电池热电联产系统示范图

（资料来源：中科润谷智慧能源科技（佛山）有限公司）

园区、五个氢能社区"的建设目标，通过纯氢管道输送的方式，开展氢能在工业园区、社区楼宇、交通（如港口、高速公路）等多场景的应用示范，打造全国首条氢能高速走廊、全国首个万台/套氢能综合供能装置示范基地。2021 年 11 月，全国首座氢能进万家智慧能源示范社区项目在佛山市南海区丹灶镇正式投运。该项目以打造未来"氢能社会"解决方案为目标，汇聚了中国、日本、韩国最先进的技术装备，将有力推动智慧能源社区国家标准和建设规范的制定与实施。该项目专注燃料电池分布式热电联产装备产业化，包括家用和商用燃料电池分布式热电联产装备。社区一期工程将依托现有城市气网开展混氢天然气示范，家庭部分将安装 394 套家用燃料电池热电联产设备，商业部分将安装 4 套（440kW/套）商用燃料电池冷热电联产设备，总装机容量约 2MW，项目采用固体氧化物和磷酸燃料电池技术路线，投资 19.1 亿元，投产后能源费用将降低 45%，碳排放将降低 50%。二期项目将不再使用城市的燃气和电网，而改用光伏制氢，小区住户不再缴纳电费和燃气费，推动实现深度脱碳。未来光伏制氢还可以为小区加氢站、社区商业提供能源，协助打造零碳社区。

5.4.2 技术路线与应用

燃料电池热电联产是一种极具潜力的、环保高效的联合生产方式，主要使用质子交换膜燃料电池（PEMFC）和固体氧化物燃料电池（SOFC）作为发电系统，发电效率可达 40%，废热利用率达 40%，能源综合利用率超过 80%，与传统的火力发电输电相比，总效率提高 2

倍左右。各类型燃料电池热电联产系统技术路线见表 5-2。

表 5-2 各类型燃料电池热电联产系统技术路线

	PEMFC	MCFC	SOFC	SOFC
案例或产品	东京燃气 ENE-FARM	Fuel Cell Energy MCFC	Sunfire 家用热电联产	三菱日立 SOFC-MGT
温度/℃	≈90	≈650	≈800	800~1000
发电效率（%）	39	47	≈50	≈55
热量利用效率（%）	≈56	≈25	≈40	≈18
总效率（%）	>95	70~80	>90	≈73
应用场景	家用小、微型热电联产	区域性大、中型热电站	既适合于大、中型电站，也能用于家用小、微型热电联产	分布式发电和集中式大规模发电
商业化进程	商业化	商业化	初步商业化	示范

PEMFC 工作温度低、启动快、功率密度高，特别适合作为交通动力。目前 90% 以上的 PEMFC 被用作燃料电池汽车动力。PEMFC 可以在室温下工作，反应温度适合副产 60~80℃ 的热水，尤其适用于家用小、微型热电联产。PEMFC 对燃料的要求很苛刻，需要使用高纯度（>99.999%）氢气，对 CO 杂质极为敏感，在国家标准《质子交换膜燃料电池汽车用燃料 氢气》（GB/T 37244—2018）中，对 CO 杂质浓度的要求是不能高于 $0.2\mu mol/mol$，否则就容易对催化剂造成伤害。因此需要复杂的燃料处理系统，且要求高度集成以减少体积才能适合家用。该技术在日本发展尤为迅速，成熟商业化产品已经发展十余年。在全球氢能发展热潮和燃料电池汽车产业的快速拉动下，车用 PEMFC 技术近年来高速发展，成本快速下降，已经接近商业化要求。未来，高度集成和橇装化的家用、社区用 PEMFC 分布式供能发展前景广阔。

MCFC 直接以天然气为原料，省去了天然气制氢、CO 变换、氢气提纯等过程，工艺流程更为简化，产生的 600~700℃ 高温余热回收价值高。也正是因为反应温度高，其启动时间长，不便于频繁启停，更适合于建造区域性大、中型热电站。MCFC 分布式发电项目在美国、英国、韩国、德国等国家已有近百个应用案例。MCFC 相比 SOFC 技术更成熟，成本更低，但因其采用易挥发、有腐蚀性的熔融碳酸盐作为电解质，存在一定的泄漏和环保风险。

SOFC 与 MCFC 同属高温燃料电池，运行温度达到 800~1000℃，可以直接以天然气为原料，工艺流程更为简化。天然气进入燃料电池内部后，在高温下发生化学分解，配套热量回收和利用单元后，能够实现对外热电联产，既适合于大、中型电站，也能用于家用小、微型热电联产。但也正因为反应温度高，SOFC 的启动时间长，不能随时启停，更适合于昼夜不间断运行的场合。SOFC 技术和商业化产品主要集中在日本、德国和美国等发达国家。SOFC 是高温燃料电池发展的方向，应用前景广阔，但目前全球仅有少数几家公司掌握核心技术，仍处于商业化前期示范阶段，价格昂贵，发电成本高。

高温燃料电池可以与燃气轮机组成联合循环发电系统，具有效率高、排放低等特点，是未来分布式发电和集中式大规模发电的重要趋势之一。如果有冷需求，还可与吸收式制冷机组成冷热电三联供系统，目前尚在商业化前期的示范阶段。

思考题

1. 氢燃料电池在交通领域应用的主要形态是什么？氢内燃机和氢燃料电池哪种会成为主流，为什么？

2. 氢能作为储能材料，相比锂离子电池储能、抽水储能等形式具有哪些优点？在哪些场景更适合采用氢储能？

3. 氢能在化工领域、冶金领域的应用，主要起到什么作用？规模化应用存在的问题是什么？

4. 目前，我国在建筑领域氢能规模化应用面临的问题是什么？热电联产系统诸多的技术路线中，质子交换膜燃料电池和固体氧化物燃料电池各有什么优缺点？

第 6 章　氢能的生态与未来

氢能产业的特性与我国发展循环经济的内在要求相吻合，将在节能、再利用方面发挥突出作用。全球已有30多个经济体发布氢能战略，我国也出台了氢能产业的中长期发展规划，为产业发展指明道路。当前，氢能产业整体面临成本较高的问题，需要通过技术进步以及绿色金融的定向支持予以缓解。未来，氢能有望成为区域供能、供电、供热的统一载体，打造氢能社区、氢能小镇、氢能城市，为全球应对气候变化、重塑人与自然的和谐提供解决方案。

6.1　氢能与循环经济

循环经济是我国推进绿色复苏、实现碳中和的重要路径，强调最有效利用资源和保护环境。氢能产业发展推动我国能源结构从天然能源到产品能源、从一次能源到二次能源的结构调整，顺应以能源高效利用和能源结构优化为主题的能源革命时代潮流。本节将从循环经济理论"3R"原则（减量化、再利用、再生化）出发，阐述氢能产业发展对建设循环经济的关键作用，论证氢能产业发展的紧迫性与必然性，推动氢能产业按照循环经济生产模式发展，充分发挥其经济效益及生态效益，为助力碳中和目标的实现做出贡献。

6.1.1　循环经济的概念和意义

循环经济思想起源于人们对自然生态环境和人类自身发展可持续性的关切。1966年美国经济学家鲍尔丁最早提出了循环经济的思想基础，受到宇宙飞船的启发，鲍尔丁把地球看成宇宙中一个与飞船一样的孤立无援的系统，其共同特征都是生活在其中的人类不断消耗其内部的有限资源，并改变内部的环境。一旦内部环境资源被消耗殆尽，人类就会毁灭。因此，必须不断地重复利用其有限资源，维持资源消耗速度与自然恢复能力动态平衡，人类才能延长整个系统的运转寿命，并持久生存。可以看出，循环经济思想将环境作为重要生产要素，强调人与资源、环境、生态协调发展。20世纪 60 年代以来，发达国家资源短缺问题和生态环境恶化成为经济增长的重要约束，发展循环经济逐渐成为全球共识。

作为一种新的经济发展模式，循环经济改变了传统经济活动"资源消费-产品-废物排放"开放型（或称为线型）的物质流动模式，转向相对的"资源消费-产品-再生资源"闭环型物质流动模式，实现了经济发展与资源消耗和环境影响的脱钩。发展循环经济意味着对经济结构内部各产业之间有机联系的再思考，通过模拟自然生态系统运作方式和规律，重新调整社会利益分配关系，实现资源的可持续利用。

发展循环经济是我国应对气候变化，促进碳减排的重要战略选择。习近平主席提出，我国要在 2030 年前实现碳达峰、2060 年前实现碳中和。这是我国积极应对全球气候变化挑战，减少碳排放的庄严承诺，也是促进经济社会发展和资源环境协调的根本途径。转变经济发展方式，发展循环经济对于实现"双碳"目标具有重要价值。中国循环经济协会发布的《循环经济助力碳达峰研究报告（1.0 版）》指出，循环经济在"十三五"期间对我国碳减排的综合贡献率达 25%。有必要将推动循环经济建设作为关键着力点，提高资源能源利用效率，减少生产过程的资源和能源消耗，进而降低单位产品碳排放强度，减少价值链、供应链、产业链上的碳排放，推动高碳经济结构向低碳循环经济结构转型。

发展循环经济有助于从根本上解决我国经济增长与资源环境之间的尖锐矛盾。在当前环境安全问题凸显、生态承载能力下降、能源资源约束趋紧的形势下，我国已不具备沿袭过去高物耗、高能耗、高排放发展路径的资源和环境条件，必须探索新的发展方式。倡导低消耗、低排放以及高效率资源利用的循环经济提供了可靠发展思路。以能源部门为例，循环经济一方面通过传统能源高效利用，另一方面推动清洁能源快速发展，促进能源系统清洁低碳转型，从而更快地减少能源消耗，促进脱碳和减排。此外，各个部门的经济活动都存在直接或间接的能源消费，能源变革将发挥多方面、全方位的协同效应，推动工业产品制造全生命周期资源能源消耗最小，保障经济效益的同时产生环境效益。因此，有必要在经济结构调整中，大力发展循环经济，通过制度创新和技术创新，促进能源和资源的高效利用，实现经济增长与生态环境协同。

6.1.2 发展氢能是构建循环经济的重要模式

能源是国民经济社会发展重要的投入要素。全球已出现以新能源和可再生能源为主体的新型低碳能源体系逐渐取代以化石能源为支柱的传统高碳能源体系的能源革命。《"十四五"现代能源体系规划》提出加快构建"现代能源体系"，重点做好增加清洁能源供应能力的"加法"和减少能源产业链碳排放的"减法"。在能源等重点行业探索循环经济发展模式，持续推进以新能源为主体的能源结构优化，在能源消费低碳化、能源利用效率提升的基础上倒逼整体经济结构升级，实现经济发展与碳减排双赢。

循环经济包括减量化（Reduce）、再利用（Reuse）、再生化（Recycle）三个基本原则（"3R"原则）。"3R"原则对循环经济的技术范式给出了清晰的刻画。作为未来国家能源体系的重要组成部分，氢能的创新与应用正是"3R"原则在宏观领域的生动写照，有力支持了循环经济发展方式的探索与实践。

减量化（Reduce）原则强调从源头采取措施，通过集约利用、资源替代等技术减少单位经济产出的资源和能源消耗来满足既定生产目的或消费需求，从而实现资源节约和减少污染物排放。氢能作为一种来源广泛、清洁无碳的二次能源，是实现油气替代，推动传统化石能源替代的理想媒介。氢在常见燃料中热值最高，约是石油的3倍、酒精的3.9倍、煤炭的4.5倍，发电效率与综合能效远高于传统化石能源。以氢能替代传统油气资源，可大幅度提高单位能耗的产出效益，有效减少对非可再生能源的开采消费，缓解环境资源约束造成的困局。

再利用（Reuse）原则主要针对使用过程，通过延长扩宽产品和材料的生产技术链，以反复使用的方式提高物质的强度以及再循环利用率，从而实现资源节约和碳减排。氢能可以通过良好的能源转换和利用特性，成为连接不同能源的桥梁，促进可再生能源整合消纳，实现跨能源网络之间的协同优化。我国可再生能源丰富，但存在时空分布不均、电源不稳定、并网能力差等问题，造成能源浪费。氢作为潜力极佳的储能介质，可通过"电-氢-电"的方式解决弃风、弃水、弃光等问题，实现可再生能源的充分利用。当电力过剩时，氢储能技术可以将多余的电能转化为氢，实现能量长时间储存；在需要时释放，以保障可再生能源发电持续、稳定的电能输出，提高电力系统的安全性、稳定性。

再生化（Recycle）原则是从输出端入手，通过加强末端治理，推进废弃物综合利用，打通要素循环渠道，实现对原生资源的节约和替代，从而减少原生资源开采、冶炼、加工等环节产生的碳排放。化石能源制氢碳排放较高，工业副产氢无法实现大规模应用，可再生能源水电解制氢（绿氢）被视为未来最具潜力的制氢方式。氢由化学反应发出电能（或热能）并生成水，而水又可由电化学过程解离为氢和氧；如此反复循环，真正实现低碳甚至零排放。此外，循环经济的再生化还可以有效减少废弃物的产生，进而减少原料和产品在提取、制造、运输、销售和处置的全生命周期中产生的碳排放。氢能具有清洁低碳特性，被认为是最有希望取代传统化石燃料的能源载体。不论是氢燃烧还是通过燃料电池的电化学反应，产物只有水，没有传统能源利用所产生的污染物及碳排放。

综上所述，氢的创新与应用充分体现了循环经济"3R"原则。目前，在我国能源结构优化过程中，氢能产业方兴未艾，大力发展氢能产业与循环经济建设相结合，将进一步促进循环经济提质增效。实现碳达峰、碳中和目标对我国循环经济发展提出了更新和更高的要求。完善的科技创新和产业体系是发展循环经济的关键和核心。我国氢能产业的创新能力仍有待提升,制氢技术综合成本较高,氢燃料电池核心技术和关键材料尚未实现完全国产化,关键组件制备工艺亟待提升。制氢技术、氢储运、氢应用等关键核心技术亟须创新突破与应用,助力循环经济发展。循环经济的实施既靠技术创新,又依赖制度保障。制度在技术创新和市场应用之间搭建桥梁。通过制度支持,可以从市场中获得技术创新的资金来源,也能为技术应用培育适宜的市场。氢能产业仍处于发展阶段初期,需要健全政策体系,破解氢能产业发展瓶颈。通过设置必要的激励性制度,促进氢能应用推广;调整氢能产业链的布局与集成,推动制氢、储运、加氢、氢燃料电池汽车企业等氢能产业链集群发展,形成"氢能循环经济企业集群"。因此,以能源结构调整促进循环经济建设,促进绿色低碳循环发展,需要大力发展氢能等新能源和可再生能源,构建现代能源体系,推动能源体系的清洁化和低碳化转型,助力实现碳达峰和碳中和目标。

6.2 氢能产业政策

在世界能源局势重构和第四次工业革命大背景下,全球主要发达国家高度重视氢能产业发展,氢能已成为加快能源转型升级、培育经济新增长点的重要战略选择。国际可再生能源署发布的《世界能源转型展望:1.5℃路径》,将氢作为实现1.5℃气候变化目标的主要解决方案之一,提出到2050年氢能可以提供全世界所需减排量的10%。在此背景下,全球多个经济体发布氢能战略,我国对氢能产业的支持不断加码,氢能全产业链规模化应用的示范在多地展开。

6.2.1 国际产业政策与规划

截至2021年初,全球已有30多个经济体发布氢能路线图,世界各国政府承诺的公共资金支持已超1万亿美元。欧盟、美国、日本等多个经济体均制定了顶层发展战略,明确了氢能在能源体系中的作用及产业发展路线图,且正在完善与氢相关的法律条款,提出了制取、储运、应用及基础设施等氢能全产业链在内的具体发展目标。

1. 欧盟为氢能战略提供法律与联合融资支持

明确的发展战略是推动产融规模化融合发展的前提。2020年7月,《欧盟氢能战略》(*EU Hydrogen Strategy*)发布,提出分三个阶段推进绿氢发展,到2050年氢占欧盟能源消费的比重将由现阶段的不足2%提高到13%~14%,明确将绿氢置于优先发展地位,致力于逐步降低绿氢成本,提升市场竞争力。资金方面,以联盟为主要依托的投/融资合作在欧盟广泛展开。2020年,欧洲清洁氢能联盟正式成立;来自11个国家的12家天然气输送系统运营商共同发布了欧洲氢主干网络计划;22个欧盟国家和挪威发起了欧洲价值链共同利益重点工程支持计划。此外,完善的基础设施为绿氢产融结合提供便利。《欧盟可持续金融分类方案》作为欧盟可持续金融市场最重要的分类标准,已将绿氢全产业链纳入标准之中,并明确了产氢活动全生命周期的碳排放限值以及 CCS 产氢的技术筛选标准。此外，欧洲氢气溯源项目 CertifHy 形成了覆盖氢全生命周期碳排放的溯源机制，已推出欧盟首个绿色氢源保证（CertifHy GO）认证计划，为绿氢溯源提供了有力支持。

2. 德国全面支持政策助推绿氢发展

2020 年 6 月，德国发布《国家氢能战略》，提出在未来由氢作为储能介质，实现工业、交通和电网的灵活运转，并为绿氢的制储输用制定了协调一致的行动框架。资金方面，德国政府提出了氢专项投资框架，计划到 2026 年投入 123.6 亿欧元；设立了国家氢能基金，计划为国内市场发展及技术进步提供 70 亿欧元，为国际合作提供 20 亿欧元。财税政策方面，德国《可再生能源法（2021）》提出减免用于绿氢制取的可再生能源附加费，减免幅度可达 85%甚至 100%。德国还将试点碳差价合约，由政府补偿约定碳价与实际成交价的差额。此外，德国推出了"绿氢潜能地图"项目，对非洲地区 30 多个国家的绿氢生产和出口潜力进行了评估。2021 年 6 月，德国政府发布氢全球计划（H_2 Global），培育国外绿氢市场，已支持在国外低价收购绿氢，进而在国内市场竞价拍卖。

3. 美国新激励政策有望为氢产业加速

2020 年 11 月，美国能源部（DOE）发布最新《氢能计划发展规划》（*Hydrogen Program Plan*），提出在未来 10 年及更长时期氢能研究、开发和示范的总体战略框架，明确 2030 年氢能发展的技术和经济指标。2021 年 11 月，美国总统拜登签署《基础设施投资和就业法案》（IIJA），授权拨款 95 亿美元用于清洁氢的研发、示范项目建设，继续对清洁能源和储能项目提供投资税收抵免和生产税收抵免。另外，美国还出台了一系列需求端激励政策，包括对安装氢燃料电池的企业和个人提供消费补助、退税等，对购买指定轻型燃料电池汽车的消费者提供退税抵扣，促进产业快速发展与应用。

4. 日本绿色增长战略明确氢能产业长期发展目标

日本政府将氢能与可再生能源、核电并列为零碳能源，并将氢纳入到 2050 年实现碳中和的技术创新战略中。日本政府重点关注氢发电涡轮机、燃料电池汽车和氢还原冶金等日本公司拥有全球竞争力的技术领域，对燃料电池生产企业提供税额抵扣或税收优惠。此外，日本政府依托新能源产业技术综合开发机构（NEDO）成立了 2 万亿日元的"绿色创新基金"，把建设氢能社会列为重点支持领域，力争到 2030 年将每立方米制氢成本降低至 30 日元甚至 20 日元。此外，日本计划在全球范围进口清洁氢，利用氢液化技术实现远程海洋运输。

6.2.2 中国产业政策与规划

近年来，国家密集出台支持政策，多省份提出了氢能产业发展的具体目标以及配套财税金融支持政策，示范项目在多地开展，融资工具日益多样化。市场层面，以国有企业为主的产业力量在氢能产业初创期发挥了关键作用，多个产业基金落地，资本市场对氢能产业的关注度日益提高。

1. "双碳"目标为氢能产业发展提出了新的要求

中国电动汽车百人会发布的《中国氢能产业发展报告2020》提出，到2025年，绿氢占比将从约1%提高到5%；到2050年，中国的氢年需求量将达到6000万吨，其中绿氢将达到4000万吨，成为占比最高的制氢方式。氢能将与电力协同互补，共同作为终端能源体系的重要主体，在我国交通、工业、建筑、电力等部门得到广泛应用，并带动形成十万亿元级的新兴产业。

2. 国家氢能政策密集出台

近年来，中共中央、国务院以及各部委发布多项政策文件部署氢能产业发展方向，在技术研发、重大工程、支持项目等方面均有布局，基本涵盖了制储输用的全产业链，为产业突破发展提振了信心。2020年10月至2021年末，国家出台了9项氢能相关政策。2021年10月，中共中央、国务院下发《关于完整准确全面贯彻新发展理念做好碳达峰碳中和工作的意见》，明确提出：推动加氢站建设；统筹推进氢能"制储输用"全链条发展；推进可再生能源制氢等低碳前沿技术攻关；加强氢能生产、储存、应用关键技术研发、示范和规模化应用。国务院发布的《2030年前碳达峰行动方案》进一步明确了"双碳"目标下对氢能的发展使命，明确了开展氢冶金示范，拓展富氢原料进口来源，扩大氢能在交通领域的应用，推广氢燃料重型货运车辆，推进加氢站建设，加强人才培养，深化基础研究，加快低成本可再生能源制氢技术研发，加快推动氢在工业、交通运输、建筑等领域规模化应用等关键举措。

3. 氢能中长期战略发布，为产业发展指明方向

2022年3月，国家发展改革委、国家能源局联合发布《氢能产业发展中长期规划（2021—2035年）》，明确了氢能在建设我国未来能源体系、实现绿色低碳转型、战略性新兴产业发展中的重要战略地位，提出到2035年形成氢能产业体系，构建涵盖交通、储能、工业等领域的多元氢能应用生态的中长期发展目标，并不断建立健全氢能产业有关政策、标准体系和监管条例，加强组织领导和统筹协调，强化政策引导和支持，通过开展试点示范、宣传引导、督导评估等措施，确保规划目标和重点任务落到实处。规划强调，要以高质量发展创新体系支撑氢能产业发展，坚持氢能产业关键核心技术研发突破，不断提高和加强氢能领域技术水平和国际合作，进一步提升氢能产业竞争力和创新力。在基础设施建设布局上，要结合资源禀赋特点和产业布局进行全国统筹，合理把握产业发展进度，避免无序竞争，有序推进氢能基础设施建设，强化氢能基础设施安全管理，加快构建安全、稳定、高效的氢能供应网络。在商业应用领域，要坚持以市场应用为牵引，从交通领域切入并有序推进，拓展在储能、分布式发电、工业等领域的应用，推动规模化发展，加快探索形成有效的氢能产业发展的商业化路径。

6.2.3 区域产业政策与规划

国家政策密集出台的同时，多省份已着力布局氢能产业，2019年至2021年，全国各地共提出氢能相关政策 391 项，仅 2021 年全年，各地发布的氢能政策就达 279 项。

1. 多地发布氢能产业发展目标

截至 2021 年末，全国 21 个省、5 个自治区、4 个直辖市发布了氢能产业发展方向，其中 15 个省、3 个自治区、4 个直辖市给出了氢能产业具体发展目标，包括发展燃料电池汽车和加氢站，提升氢能产业规模成为多地区推动氢能产业发展的首选。依据各地区提出的目标，到 2030 年氢能产业总规模有望达到 1.55 万亿元，氢燃料电池汽车突破 20 万辆，建成加氢站 1464 座，培育龙头企业百余家。

2. 示范城市群建设广泛开展

2021 年被誉为"氢产业示范元年"，国家层面，由北京、上海、广东、河北、河南牵头申报的燃料电池示范应用城市群先后获批，共覆盖全国 38 个市（包括直辖市、地级市）。示范城市群积分奖励分为"燃料电池汽车推广应用""关键零部件研发产业化"和"氢能供应"三大部分，单个示范城市群积分上限为 17000 分（折合 17 亿元人民币），对超额完成示范任务的城市群，最高可以获得积分奖励 18700 分（折合 18.7 亿元人民币）。"燃料电池汽车推广应用"部分，提出发展大重载商用车辆；"关键零部件研发产业化"部分，强调对八个关键零部件进行重点激励；"氢能供应"部分，体现了对低碳氢、绿氢扩大应用范围的突出引导。

以"京津冀氢燃料电池汽车示范城市群"为例，示范拟构建北京-天津-保定-淄博产业发展链和北京-保定-滨州氢能供应链，在北京市延庆区、天津市滨海新区、唐山市和保定市分别打造冬奥会、港区、矿石钢材和建材运输四大特色场景示范区，最终形成燃料电池汽车关键零部件和装备制造产业集群。

6.3 氢安全

氢作为化学元素周期表中的第一位元素，通常以气体的形态存在。氢气是无色、无味、易燃、易爆、质量最轻的气体。氢气在高温的条件下比较活泼，能够燃烧，可以与许多不饱和化学产品反应，也可以与许多金属和非金属反应，因此广泛用于化工、石油、轻工、食品、航天、民用气球充气等行业。氢气具有易燃易爆的性质，在空气中的体积浓度达到 4.0%~75.6% 时，遇火源就会爆炸。在氢的生产、储运、加注、应用中，都可能因为使用不当引起氢的安全事故。因此，要将氢安全作为氢能产业生产过程的首要任务，在应用的过程必须严格按照相关标准执行，减少安全隐患，在保证安全的前提下应用氢能。

6.3.1 氢气泄漏与扩散

氢气具有扩散系数大，爆炸极限宽，点火温度低等特点，因此一旦发生泄漏，在密闭空间内，将很容易达到爆炸极限范围，引起爆炸与火灾。但另一方面氢气具有很高的扩散系数和浮力，泄漏时浓度会迅速降低，因此在开放空间，氢气的安全性相对较好。如果发生爆炸，氢气的爆炸能量是常见燃气中最低的，就单位体积爆炸能而言，氢气爆炸能仅为汽油气的 1/22。

根据氢气泄漏源与周围环境大气压之间压力比值的不同，氢气泄漏可分为亚声速射流和欠膨胀射流。亚声速射流在泄漏出口处已经充分膨胀，压力与周围环境压力相等，气流速度低于当地声速，泄漏后的氢浓度分布满足双曲线衰减规律；欠膨胀射流在泄漏口处速度等于当地声速，出口外射流气体继续膨胀加速，形成复杂的激波结构，氢浓度分布也更为复杂。

当氢气泄漏率一定时，空间内氢浓度的分布主要取决于空间受限程度和通风状况；氢在可通风室内空间泄漏后存在压力峰值现象，即使未被点燃仍会产生较大超压。

6.3.2 氢燃烧与爆炸

氢燃烧范围宽，点火能量低，若泄漏后被立即点燃会形成射流火焰，称为氢喷射火。依据泄漏状态的不同，氢喷射火可分为亚声速射流喷射火和欠膨胀射流喷射火。氢在受限空间内泄漏后，易发生氢气的积聚，形成可燃氢气云。若可燃云团被意外点燃，由于障碍物的影响，火焰与障碍物之间产生的循环激励效应加剧了燃烧过程。在燃烧初始阶段，燃烧波与冲击波分离且速度低于冲击波，称为爆燃；随着火焰的加速，当燃烧波与冲击波以同样的速度向前传播时，称为爆轰，整个过程称为爆燃爆轰转捩（DDT）。爆轰波的形成会严重加剧事故后果，因此DDT一直是氢燃烧爆炸研究的热点。火焰传播经历缓燃、爆燃、爆燃转强爆轰、强爆轰衰减及稳定爆轰等阶段，火焰、主导激波和反射激波间的相互作用是影响DDT的主要因素。高压氢气泄漏后在没有点火源的情况下会发生自燃，但目前国际上对氢自燃机理尚无定论。

6.3.3 氢脆

氢脆是溶于钢中的氢，聚合为氢分子，造成应力集中，超过钢的强度极限，在钢内部形成细小的裂纹，又称白点。氢脆只可防，不可治。氢脆一经产生，就消除不了。在材料的冶炼过程和零件的制造与装配过程（如电镀、焊接）中进入钢材内部的微量氢（10^{-6}量级）在内部残余的或外加的应力作用下导致材料脆化甚至开裂。

氢脆产生的原因很多，受环境、温度以及材料等影响很大。在金属凝固的过程中，溶入其中的氢没能及时释放出来，向金属中缺陷附近扩散，到室温时原子氢在缺陷处结合成分子氢并不断聚集，从而产生巨大的内压力，使金属发生裂纹。

在石油工业的加氢裂解炉里，工作温度为 300~500℃，氢气压力高达几十个到上百个大气压力，这时氢可渗入钢中与碳发生化学反应生成甲烷。甲烷气泡可在钢中夹杂物或晶界等场所成核，长大，并产生高压导致钢材损伤。

在应力作用下，固溶在金属中的氢也可能引起氢脆。金属材料受外力作用时，材料内部的应力分布是不均匀的，在材料外形迅速过渡区域或在材料内部缺陷和微裂纹处会发生应力集中。在应力梯度作用下氢原子在晶格内扩散或跟随位错运动向应力集中区域，由于氢和金属原子之间的交互作用使金属原子间的结合力变弱，这样在高氢区会出现裂纹并扩展，导致脆断。

某些金属与氢有较大的亲和力，过饱和氢与这种金属原子易结合生成氢化物，或在外力作用下应力集中区聚集的高浓度的氢与该种金属原子结合生成氢化物。氢化物是一种脆性相组织，在外力作用下往往成为断裂源，从而导致脆性断裂。

工业管道的氢脆现象可发生在实施外加电流阴极保护的过程之中：现阶段为了防止金属设备发生腐蚀，一般大型的工业管道都采用外加电流的阴极保护方式，但是这种方式也能引发杂散电流干扰的高风险，可导致过保护，引发防腐层的破坏及管材氢脆。

6.3.4 氢气制取、储存、运输的安全性

氢气的安全性主要涉及氢气的制取、储运和氢能应用等方面。对于制氢过程的安全性，目前在系统安全、设备安全等方面已经形成了完善的设计标准体系和健全的管理规范以及氢气站设计规范，在厂房建设、防电防爆等各个方面进行了硬性规定，总体而言，能够保证系统的安全运行。但未来还需要加强在车间生产安全规定、从业人员安全培训、应急安全培训等方面的安全培训。

除了传统的中低压的储罐储氢，储氢方式主要有高压气态储氢、低温液态储氢等，金属氢化物储氢、有机液态储氢是新型的储氢方法。有机液态储氢是利用不饱和的芳香烃、烯炔烃等作为储氢的载体，与氢气发生可逆的化学反应，来实现储氢，质量密度可达到7%左右，最大特点是常温下为液态，利于对氢更方便、安全地进行储存和运输，但目前还没有量产。按照应用场景，储氢方式可分为车载储氢瓶、运输用储氢瓶罐、固定式储氢瓶罐。通常情况下，车载式高压气态储氢设有温度报警、起火防护、过压防护等防护措施，所以供氢系统比较安全；运输用高压气态储氢主要用于远程储运，设置了一定的安全保护装置。

氢的运输方式主要包括长管拖车、液氢运输、管道运输等。因为氢气没有大规模地应用，目前管道运输发展缓慢，标准、规范也没有完善。液氢运输也缺少一定的规范，所以目前大多数采用的是长管拖车这种运输方式。长管拖车运输方式起步较早，直到现在液化天然气都采用这种方式，非常安全。

6.3.5 氢燃料电池汽车用氢安全

国内外对氢燃料电池汽车制定了很多标准和规范，其中65%以上的内容是针对安全性的规定。氢燃料电池汽车的用氢安全问题，主要是指氢燃料电池汽车运行过程中车载氢系统的安全性，包括高压供氢系统、燃料电池发电系统的安全性等。目前，为了保证车载氢系统的安全性，各企业主要从材料选择、氢泄漏监测、静电防护、防爆、阻燃等方面进行预防和

控制。

为保证车载供氢系统的安全性，需设置过温保护、低压报警、过压保护、过流保护等安全装置，同时还需考虑碰撞、氢气泄漏的安全性等。通过对高压储氢气瓶子弹穿透试验和火烧试验，保证即便车辆在运行过程中出现了任何问题，气瓶仍然非常安全；通过对整车的检验、氢气泄漏的检验、系统的振动检验及碰撞检验，保证即便燃料电池汽车发生氢气泄漏，自始至终火焰是向上的，不会殃及整个车辆。传统的燃油汽车由于汽油下淌，在地上蔓延，会引燃整个车辆，所以相对来说氢燃料电池汽车较为安全。

目前氢燃料电池汽车车载氢系统的安全防护主要涉及以下几个方面。

1. 材料安全防护和元器件防护

氢气与金属材料接触会产生氢脆效应，如果与氢接触的材料选择不当，就会导致氢泄漏和燃料管道失效。目前，高压储氢瓶通常选用铝合金或合成材料来避免氢脆的产生。国外储氢瓶多采用高强度的混合材料，由三层结构组成，最内层材料是高强度聚合物，中层是强化碳纤维和高强度聚合物的混合材料，外层是玻璃纤维和高强度聚合物的混合材料。国内的燃料电池汽车高压储氢瓶主要采用铝内胆加碳纤维缠绕的Ⅲ型气瓶。各种燃料管道以及阀件也都采用适用于氢介质的材料，如抗氢脆的不锈钢（316L，耐压大于34.4MPa）、铝合金材料或聚合物，并且储瓶、管道及阀件所能承受的压力留有足够的安全余量，避免氢脆的发生。

为了防止电路中产生电火花点燃氢气而产生燃烧或爆炸事故，氢燃料电池汽车的电气元件、管路、阀体均采用相应的防爆、防静电、阻燃、防水、防盐雾材料。例如，燃料电池汽车的氢检测传感器均选用防爆型，而不用触点式传感器，因为触点式传感器在氢气含量达到设定值时通过触点的动作输出信号，容易产生触点火花而引发事故；为了防止继电器触点动作时产生电弧放电而点燃氢气，氢安全处理系统中所用的继电器选用防爆固态继电器；元器件的防水防尘等级为IP67，以后将逐步提高；线束材料的阻燃级别为垂直燃烧V0等级和水平燃烧HB等级，均为最高等级要求。

2. 氢系统安全防护

氢系统的防护措施，主要是对高压储氢瓶及氢气管路进行安全设计并安装各种安全设施。如图6-1所示，氢燃料电池汽车的氢系统安全防护体系由排空口，安全阀、针阀、单向阀、限流阀等各类电磁阀，储氢气瓶，各类传感器等构成，并在监控系统中设定相应的防护值，一旦发生异常状况，则通过氢系统控制器将各种监控信息传递给各种安全设施，及时断开或关闭，使燃料电池汽车处于安全状态。

3. 氢系统安全监控

车载氢系统安全监控主要是对储氢瓶系统、乘员舱、燃料电池发动机系统以及尾气排放处的氢气泄漏、系统压力、系统温度、电气元件及其他器件进行实时监控，确保燃料电池在加氢、用氢过程中的安全。氢气安全监控系统主要包括氢系统控制器、氢气泄漏传感器、温度传感器和压力传感器等元器件。氢系统控制器在工作过程中，监控储氢瓶及氢气管路安

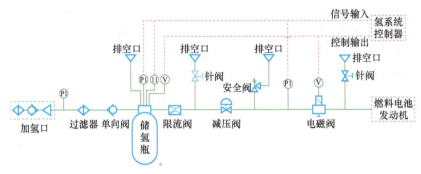

图 6-1 车载氢系统功能框图

全、氢气泄漏状态及整车运行状态,只要出现异常,随时主动关闭供氢系统,保证燃料电池车辆安全。

4. 碰撞安全防护

氢燃料电池汽车的碰撞安全性主要包括储氢系统、氢气管路、燃料电池堆、各类阀门、连接头等关键部件在发生碰撞时不遭受破坏。目前,对氢燃料电池的碰撞安全防护设计除了关键零部件具有防撞能力外,主要通过位置布置、固定装置保护和惯性开关监控碰撞并与整车监控系统联动,采取自动断电、自动关闭阀门等措施来避免灾难的发生。例如,燃料电池混合动力客车的高压储氢瓶一般放在车辆前置顶部,燃料电池模块放在客车后置顶部,动力电池放置于地板下方。前置的储氢瓶,通过车顶部的管路与车辆后部的燃料电池系统连接,在发生泄漏时,氢气可以迅速排放到大气中去;燃料电池模块对车身结构基本无影响,而动力电池放置在地板下方,兼顾了车身重心和稳定性,如图 6-2 所示。

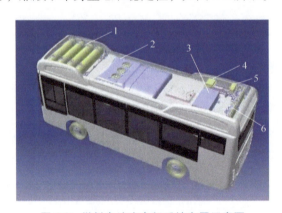

图 6-2 燃料电池客车氢系统布置示意图

1—储氢系统 2—空调系统 3—燃料电池发动机系统 4—空气过滤器 5—水箱 6—散热系统

氢燃料电池汽车的安全性是氢燃料电池汽车产业发展的基础,目前各企业在氢燃料电池汽车上采取的安全措施,经过多年的实际示范运营证明是可靠的。随着燃料电池成本下降和性能不断提高,燃料电池汽车商业化、规模化、产业化将成为未来发展趋势。

6.4 氢标准与检测

氢能具有多领域交叉融合、产业链长、处于初级阶段、技术升级快、产品更新快等特点，氢能标准与检测建设工作仍需补充和完善。截至 2021 年 12 月底，全球主要国家和国际组织共发布 300 余项氢能及燃料电池标准，其中国际标准化组织（ISO）发布 48 项、国际电工委员会（IEC）发布 20 余项、美国发布 115 项、日本发布 22 项，标准涵盖范围基本全面。各国逐步建立了自己的氢能及燃料电池标准体系，标准化工作正在加速进行，其中美国、欧盟、日本的标准化工作最值得借鉴。

全球主要国家和国际标准化组织发布的标准主要集中在氢气应用，氢安全，氢制备，氢储存、运输和加注及氢能应用五个方面，其中氢能应用领域发布标准较多，占比高达 43%，体现了国际社会对氢能应用领域的重视；氢制备、氢储存和运输、氢加注领域标准数量占比分别为 12%、12%、10%，其他方向占比相对较低。基础设施建设是氢能应用规模化推广的基础，应加强在这个方面的标准制定力度。

中国作为产氢大国，氢能及燃料电池产业正处于快速导入期，氢能产业发展对标准化工作提出了更高的要求，加速氢能及燃料电池标准体系建设是实现我国氢能领域技术和产业领先的重要抓手。中国标准按照颁发级别可分为国家标准、行业标准、地方标准、团体标准四类。

6.4.1 国家标准

完善的标准是产业发展的基础。截至 2021 年末，国家标准化管理委员会已发布的氢能相关现行国家标准数十项，涵盖了制、储、运、加注和应用等产业链各环节，基本形成了氢能全产业链标准体系。我国氢能相关国家标准可细分为基础通用、氢安全、氢制备、氢储运、氢加注和氢能应用六个方面。

一是基础通用，包括《氢气、氢能与氢能系统术语》（GB/T 24499—2009）；燃料电池（FC）术语、PEMFC 术语和燃料电池汽车（FCVs）术语相关标准；质子交换膜燃料电池汽车（PEMFCVs）用氢气、液氢，车用混氢天然气（HCNG），工业气体相关等标准。

二是氢安全，包括通用安全要求 2 项，临氢材料安全要求 7 项。

三是氢制备，包括水电解制氢 6 项，变压吸附（PSA）3 项，光催化 2 项，液氢生产 1 项，氢气站设计规范 8 项。

四是氢储运，包括氢储运基本要求 4 项，固定式储氢 3 项，移动式储运氢 5 项。

五是氢加注，包括加氢站工程建设标准 2 项，加氢站安全、加注连接装置、加氢机、加氢枪等相关标准 8 项。

六是氢能应用，包括燃料电池（FC）相关 18 项，燃料电池汽车（FCVs）相关 12 项，其他应用相关 15 项。

6.4.2 行业标准

截至 2021 年 12 月底，我国共发布 18 项氢能行业标准，分布在机械、船舶、汽车、能源等 13 个行业，如图 6-3 所示，给氢能与燃料电池在各行业的应用提供了标准基础。从氢能与燃料电池标准体系角度分析，包括基础与通用 2 项、氢制备 11 项、氢加注 2 项、氢能应用 3 项。现行的氢能与燃料电池行业标准大多数发布于 2016 年以前，更早的可以追溯到 1991 年，与氢能与燃料电池产业发展现状存在一定的适用性问题。

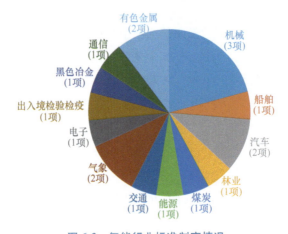

图 6-3 氢能行业标准制定情况

（资料来源：中国电动汽车百人会氢能中心）

6.4.3 地方标准

截至 2021 年 11 月，国内发布地方标准 13 项，主要从氢能应用、氢能加注、车载氢系统等领域加以规范。参与制定氢能产业相关地方标准的地区主要为山东省、河北省、广东省和上海市，山东省以 9 项地方标准处于全国领先地位。广东省氢能与燃料电池产业发展处于全国领先地位，成立了国内第一个省级氢能标准化技术委员会，佛山市先行先试，正在开展工业园区制氢相关标准的研究。

6.4.4 团体标准

截至 2021 年 11 月，18 个相关协会发布的涉及氢能的团体标准共 58 项，涵盖了制氢、储氢、检漏、加注、加氢站等技术和管理要求、实验方法等，包括氢燃料电池（汽车）的各种性能试验方法，极端环境性能测试，以及其他重要与关键零部件如空压机、质子交换膜、DC/DC 变换器、氢气瓶等技术要求和实验方法。团体标准分领域分布情况如图 6-4 所示，其中燃料电池汽车团体标准有 25 项，占全部团体标准的 43.1%，仍是标准制定的重要方向。氢制取团体标准 2 项，占比为 3.4%，氢储运团体标准 6 项，占比为 10.3%，基础设施领域团体标准 10 项，占比为 17.2%，三项的占比均较低，氢气制取、储运和基础设施作为氢能产业发展的基础，应加强在这些领域的标准建设工作。

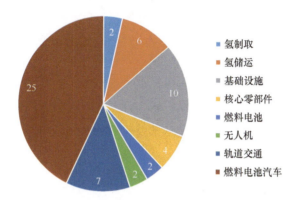

图 6-4　团体标准分领域分布情况

（资料来源：中国电动汽车百人会氢能中心）

在国内氢能产业快速发展的背景下，大型企业联合推动团体标准制定是解决产业发展无标准可依，快速形成市场规则的最有效途径，社会团体在加速推动氢能及燃料电池领域标准的制定。吉林省汽车电子协会、广东省能源研究会、中国技术经济学会等针对氢能与燃料电池产业发展实际情况制定了多项团体标准。

6.4.5　氢能检测

氢在受限空间内泄漏后，易发生氢气的积聚，形成可燃氢气云。氢燃烧范围宽，点火能量低，若泄漏后被立即点燃会形成射流火焰（氢喷射火）。因此，氢能源的分布式储存亟须不断发展复合检/监测技术、远程自动监测与安全大数据分析技术。另一方面，氢能储存形式多样、环境与条件苛刻，安全操作与及时预警应得到有效保障。

2022 年 1 月，国内首座站内氢气检测实验室——中国石化西湾子氢气检测实验室在张家口市崇礼区正式投运。该实验室能完成燃料电池氢气的 13 项典型指标检测，为保障 2022 年北京冬奥会氢能质量安全提供了有力技术支撑，助力"绿色冬奥"。2021 年，长城汽车股份有限公司保定氢能检测分公司的服务能力经考核确认，符合《检测和校准实验室能力的通用要求》（GB/T 27025—2019）和《检测和校准实验室能力认可准则》（CNAS—CL01）的要求，正式获得中国合格评定国家认可委员会（CNAS）颁发的实验室认可证书。长城汽车氢能检测公司共计获得 CNAS 的检测技术能力认可 4 类 50 项，其实验室硬件设施、管理水平和检测能力，包括检验、检测技术的规范性和准确性，均已达到国家及 ISO 质量认证体系准则要求，因而正式列入国家获准实验室认可机构名录，其检测报告具有国际权威性、互认性和公信力。

6.5 氢能与绿色金融

未来，氢能产业，特别是绿氢将在我国能源体系中扮演关键角色，与之配套的金融支持亟待完善与加强。当前，尽管绿氢具备显著的正外部性，但其绿色溢价尚未得到充分体现，制氢成本高昂，发展规模较小，亟须得到金融市场的全面支持。中国是最早通过较为完善的顶层设计推动建立绿色金融市场的国家，绿色信贷规模高居全球第一，绿色债券发行规模位列全球第二，绿色基金、绿色保险等产品不断完善，全国碳市场已经启动。尽管绿色金融市场发展较为完善，但绿色金融对于氢能产业的支持整体不足，亟须在标准制定、产品支持、碳市场等多个方面予以加强。

6.5.1 氢能具有正外部性

"外部性"是一个经济学概念，依据作用效果进行分类，分为正外部性和负外部性。能源活动的正外部性指，行为人实施的行为对他人或公共的环境利益有正面溢出效应。因此，低碳氢具有很强的正外部性。

据国际能源署报告，成本高企是当前全球低碳氢面临的关键问题之一，化石燃料制氢仍是全球最具经济性的选择。天然气重整制氢的成本为 0.5~1.7 美元/kg；使用 CCUS 技术来减少二氧化碳排放，会使每千克制氢成本增加 1 到 2 美元；而使用可再生能源水电解制氢的成本可达每千克 3 至 8 美元。

我国富煤贫油少气的能源禀赋，决定了煤炭是我国最主要的能源供应来源，也决定了能源成为我国碳排放量最大的部门。在实现碳达峰、碳中和目标的愿景下，能源系统低碳转型面临的任务尤为艰巨，发展可再生能源成为必由之路。以可再生能源水电解制取绿氢，被视为未来最具潜能的制氢方式。但在当前，绿氢成本较高，制约产业规模化、商业化发展，主要包含以下两方面原因。

一是各个环节成本叠加造成总成本过高，通过技术进步实现成本降低还有很大空间。可再生能源发电的度电成本相比于传统的火力发电还不具备优势，储存、运输成本都处于较高水平。

二是绿氢的绿色溢价没有充分体现。从全生命周期视角来看，相比于灰氢，绿氢从生产到终端应用的碳排放量最低，对于应对气候变化的作用最明显，对环境最友好，但上述优势并未体现在价格中。需要建立并不断完善碳定价机制，让高碳排放的燃料成本增加上去，让绿氢等清洁燃料成本降下来。当前，全国碳市场刚刚启动，国家核证自愿减排量（China Certified Emission Reduction，CCER）市场也在筹备重启的过程中，碳市场的充分发展在未来将有助于绿氢的成本降低，让其绿色价值转化为市场价值，进一步凸显氢能作为清洁燃料的优势。

6.5.2 氢能与绿色金融标准

标准是金融支持的重要前提。目前，欧盟已经将绿氢全产业链纳入欧盟《可持续金融分类方案》，成为全球在此方面的典范。具体包括氢气生产和使用设备制造、低碳氢生产、液体无水氨生产、储氢发电与氢的电气化、氢输配网络基础设施、水陆空运中的加氢基础设施、氢技术与产品研发创新等。此外，欧盟《可持续金融分类方案》明确了产氢活动全生命周期的碳排放限值，以及 CCS 产氢的技术筛选标准。

我国现行绿色金融标准主要包括《绿色产业指导目录（2019 年版）》以及《绿色债券支持项目目录（2021 年版）》等，其中纳入了加氢设施制造（节能环保产业），氢能利用设施建设和运营（清洁能源产业），氢设施建设和运营（基础设施绿色升级）等内容，但还未体现对绿氢及其全产业链的支持。建议在此基础上，尽快建立适用于氢能产业的分类金融标准，引入绿氢全产业链项目。

中国与欧盟绿色金融标准支持氢能产业活动比较见表 6-1。

表 6-1 中国与欧盟绿色金融标准支持氢能产业活动比较

	欧盟《可持续金融分类方案》	中国《绿色产业指导目录（2019 年版）》	中国《绿色债券支持项目目录（2021 年版）》
内容（编号）	1. 氢生产和使用设备制造（3.2） 2. 低碳氢生产（3.10） 3. 液体无水氨的生产（3.15） 4. 储氢发电与氢的电气化（4.10） 5. 储氢（4.12） 6. 氢输配网络基础设施（4.14） 7. 乘用车加氢基础设施（6.13） 8. 低碳公路货运、公共客运的加氢基础设施（6.15） 9. 低碳水运中船舶、港口和码头的加氢基础设施（6.16） 10. 低碳空运中飞机、机场加氢基础设施（6.17） 11. 贴近市场的氢技术与产品研究、开发和创新（9.1）	1. 充电、换电及加氢设施制造（1.4.2） 2. 氢能利用设施建设和运营（3.2.9） 3. 充电、换电、加氢和加气设施建设和运营（5.2.5）	1. 充电、换电及加氢设施制造（1.6.1.2） 2. 氢能利用设施建设和运营（3.2.2.8） 3. 充电、换电、加氢和加气设施建设和运营（5.5.4.1）

6.5.3 氢能与绿色信贷

绿色信贷是规模最大的绿色金融产品，截至 2021 年三季度末，我国绿色信贷规模已突破 14 万亿元。"双碳"目标下，我国绿色低碳领域产生大量投资需求，绿色信贷有望成为资本市场支持氢能产业发展的重要抓手，对氢能全产业链，特别是基础设施建设提供有力支持。

当前，我国绿色信贷规模庞大，产品较为成熟。应结合氢能产业特点，鼓励银行支持加氢站、输氢管道等氢能基础设施建设，应运用碳减排支持工具，推动信贷资产积极向氢能产业配置。鼓励面向氢能产业链核心企业构建绿色信贷专项通道，创新知识产权质押贷款，建立氢能专项投贷联动机制，积极探索政策性绿色融资担保业务服务氢产业链。鼓励金融机构开发低息氢燃料电池汽车消费贷款、绿氢产品消费贷款等信贷产品。

6.5.4 氢能与绿色基金

产业基金作为主要的金融支持手段之一，对于氢示范项目开展、基础设施建设、关键技术研发提供了资金支持。当前，我国氢能产业基金参与方包括国有企业（如国家电投、中车集团）、研究机构（如清华四川能源互联网研究院）、高校（如同济大学、中国地质大学）、地方政府（如武汉、苏州）、金融机构和民营企业。

从基金规模来看，各基金从千万元级到百亿元级人民币不等。大型氢能产业基金包括航锦科技等企业设立的 150 亿元氢能产业投资基金，中国神华、国华能源等企业设立的 100.2 亿元国能新能源产业投资基金，以及国家能源集团投资的百亿元级清洁能源投资基金等。

2020 年以来，随着国家示范城市群渐次获批，地方通过政府引导基金和政府投资基金进一步加码对氢能产业的支持。截至 2021 年末，针对氢能产业的投资基金累计规模超 800 亿元人民币。2015 年到 2018 年我国氢能产业基金规模约为 220 亿元，2019 年到 2021 年期间超过 630 亿元，增长近两倍。

未来，应进一步做强做优氢能产业发展基金。鼓励国家绿色发展基金、政府绿色产业引导基金以及私人权益资本（PE）/风险资本（VC）等各类绿色基金加大对氢能重点领域的投资力度，通过资本支持推动氢能关键核心技术攻关、快速市场化应用以及产业链的资源优化整合。

6.5.5 氢能与资本市场

近年来，氢能产业已成为全球资本关注的热点，2021 年的《财富》世界 500 强中，前 10 家企业有 3 家投资了氢产业，前 135 家企业中有 27 家涉及氢业务。

国内市场方面，据统计，氢能全产业链的主要融资案例由 2020 年的 11 起增加至 2021 年的 22 起，燃料电池是最主要的融资方向。从机构来看，国家开发投资公司（SDIC）、中国国际金融公司（CICC）和省级投资基金等投资者扮演了重要角色，参与众多 2000 万美元或以上的投资。从融资规模来看，国内企业单次融资金额多低于 5 亿元人民币，行业龙头如国家电投氢能公司、东风汽车、重塑科技等获得了数十亿元的大额融资。

未来，应充分发挥资本市场作用，鼓励氢能产业通过多种渠道融资。支持符合条件的氢能企业在境内外上市融资，鼓励上市公司为推动氢能项目建设进行再融资。鼓励市场机构发行绿色债券支持氢产业的相关项目，地方政府也可通过绿色政府债券为示范项目融资。部分现金流稳定、营收情况较好的氢能项目可探索发行绿色资产支持证券或房地产投资信托基金（REITs）。鼓励创设氢能证券指数和相关证券投资基金，为证券市场的投资者积极参与提供便利。

6.5.6 氢能与碳市场

氢能作为一种清洁低碳的二次能源，目前仍面临成本高企、技术不确定等问题。科学合理、市场化的碳定价机制有望在未来为氢能低碳发展提供更为有力的保障。

国内碳市场交易品种主要包括碳排放配额（EA）和国家核证自愿减排量（CCER）。CCER 是采用经国家主管部门备案的方法学，由经国家主管部门备案的审定机构审定和备案的项目产生的减排，单位为吨二氧化碳当量（t CO_2e），当前 CCER 市场重启仍在筹备之中。区别于配额市场，CCER 属于主动创造的温室气体减排量，对于绿氢生产等低碳企业，其可将低碳生产减排的二氧化碳当量，通过国家主管部门认可的方式进行核算，通过市场化销售获益。因此，充分探索氢能产业纳入 CCER 市场的机制、政策以及减排量核算办法，对于未来保障氢能企业的投资回报水平，推动产业低碳发展具有关键作用。应尽快打通碳市场等碳价格调节机制对氢能发展的支持作用，推进氢能产业碳减排核算方法学开发，推动绿氢产生的减排量纳入 CCER 市场交易。

碳差价合约（Carbon Contracts for Difference，CCfDs）是一项将财政激励与碳市场相结合的公共政策。CCfDs 由政府补偿约定碳价与实际成交价的差额。如欧盟碳市场实际碳价低于合约中约定价格时，政府补偿企业碳差价；反之政府则可以要求企业分享碳交易利润。碳差价能够显著降低碳市场价格波动的风险，继而保障低碳技术研发的投资回报。当前，德国、英国等国家已在探索通过 CCfDs 保障低碳项目的回报水平。氢能产业涉及大量低碳技术攻关，探索运用碳差价合约，有望创新市场化的公共资金激励机制，提高企业低碳发展的意愿和效率。

6.6 共建氢能社会

氢既是能源物质，也是工业原料；既可以用作飞机、轮船、汽车等交通工具的燃料，也可以作为建筑供能供热的载体，更可以深度参与到化工、制造、冶金、医疗、食品等多个行业。未来，伴随制氢能力的不断提升、用氢成本的持续下降，氢将深入参与到经济、社会、生活的方方面面，深刻影响能源结构乃至能源贸易格局，为全球实现可持续发展贡献"氢智慧"。

6.6.1 氢能进入未来社区生活

建筑是与人类日常生活关系最为密切的事物之一，氢能广阔的应用空间为未来打造氢能房屋、氢能社区、氢能小镇乃至氢能城市提供了充足空间。当前，全球广泛开展了氢能房屋、产业园乃至社区的应用示范，未来的建筑或许能够实现完全依靠可再生能源和氢满足供能、供热、供冷的需求，人类的居住空间、办公场所有望真正实现低碳甚至零碳排放。

以氢能房屋（图6-5）为例，该建筑通过加装光伏板或风机，由光伏、风电等可再生能源发电，通过氢进行储能，通过燃料电池满足终端用能、用电、用热需求，即可实现全过程的零排放，突破现有建筑的节能减排极限。将一个个氢能建筑串联，形成氢能社区、工厂，逐步扩大规模，无排放、无污染的氢能社会前景可期。

图6-5　氢能房屋图示

目前，全球已有多个国家和地区开展氢谷示范。氢谷即在指定地理区域（城市、区域、岛屿或产业集群）内，系统应用氢能为各项经济活动提供能源。氢谷的建设大多需要大额投资，产业链覆盖氢的制储输用等各个环节。近年来，全球开启多个氢谷示范项目，为调整能源结构、应对气候变化提供了新的综合能源解决方案。氢谷项目起源于欧洲，逐步推向全球。目前全球已有35个氢谷项目在建，其中65%位于欧洲，13%位于美洲，22%位于亚太地区。氢谷示范效应显著，65%的氢谷实现了氢在多个领域的应用，近半数氢谷通过可再生能源水电解实现氢供给，多个氢谷应用了碱性电解槽、碳捕集与封存等前沿技术。

氢能城市的建设试点也在积极推进。以韩国为例，韩国对氢能与燃料电池汽车高度重视，为支持氢能产业发展，韩国从经济社会可持续发展和能源安全等战略层面着手，于2019年1月发布了《氢经济发展路线图》（*Hydrogen Economy Roadmap*），提出在2030年进入氢能社会，成为世界氢经济领导者。韩国政府计划到2040年将全国40%的城市发展为氢能城市。2019年10月，韩国发布"氢试点城市推广战略"，将安山、蔚山、完州和全州选为"氢能经济候选城市"，分别投资290亿韩元打造氢能社会示范。氢能经济候选城市将以氢燃料替代传统的建筑和交通能源，开展与氢经济相关的本地化项目。试点城市将在多单元住宅综合体和单个建筑物使用氢气作为制冷、供暖和供电的能源，建立基于氢能的交通运输系统，在停车场和公交车车库中安装加氢站。

6.6.2 氢能刻画低碳经济图景

当前，氢能产业距离实现大规模广泛应用还有很长的路要走，但全球多地已开启规模化的氢能示范，不断将氢能应用场景扩展至交通、建筑、工业等难以脱碳的领域。未来，在技术不断进步、成本持续下降、政策有力支持的背景下，氢能或将对全球经济社会发展及贸易格局产生深远影响，主要表现在以下方面。

1. 氢能将深入推进能源体系低碳转型

能源部门是碳排放最主要的来源，在推动能源体系低碳转型的过程中，发展以光伏、风电为主的可再生能源成为最优选择，但光伏、风力发电容易受天气影响，无法提供稳定电源，更不能根据电网负荷动态调整发电量。因此，发展以可再生能源为主的新型电力系统，需要强大的储能体系予以支持，在发电过剩且需求不足的时候储存电力，在发电不足但需求过剩的时候释放电力，保证电力系统安全稳定运行。在诸多储能方式中，氢能被视为最有潜力的一种，电力过剩时水电解产生氢气将电力予以储存，电力不足时燃烧氢气提供能源，且在整个过程中只产生水和氧气，真正无排放无污染。彭博新能源财经预测，到2050年氢能有望满足全球近25%的能源需求。

2. 氢能将全面影响未来交通体系

交通是碳排放第二大部门，当前，尽管电动汽车已经在全球范围内普及，为交通系统减碳做出了较大贡献，但航空、航运、重型运输等行业很难实现电动化，部分处在极寒天气中的地区也难以大范围推广电动汽车，氢或将成为上述部门或地区实现脱碳的最佳解决方案。近年来，氢燃料电池涉及的核心关键技术在全球范围内不断突破，成本不断下降。我国已有五大燃料电池汽车示范城市群获批，在2022年北京冬奥会中氢燃料电池汽车已经形成一定规模的示范应用。未来，以氢能驱动的飞机、轮船、重型货车、客车或将逐步来到人们的生活中，为人类出行提供舒适、安全且低碳的解决方案。

3. 氢将推动工业体系深度脱碳

除能源和交通领域外，工业也是碳排放的主要部门。目前，全球已经开展了氢在钢铁、水泥、冶金、工业制造等领域的应用示范，全球首个零碳钢项目就由低碳氢作为还原剂实现。未来，可再生能源水电解制氢的成本下降会推动更多低碳排放的氢参与到各个产业之中，包括但不限于钢铁、化肥、水泥、玻璃乃至食品等，既能推动工业脱碳，更能影响人类生活的方方面面。

4. 氢或将重塑全球贸易格局

能源始终是影响全球贸易格局的关键因素，在全球应对气候变化、推动低碳转型的大背景下，各国正在积极寻求对石油和天然气的替代，而氢正是其中一个重要的替代方案。国际可再生能源机构（IRENA）表示，全球氢经济的快速增长可能引起地缘经济乃至地缘政治发生重大转变，为全球贸易和双边能源关系带来不确定性。目前，包括德国、日本、澳大利亚在内的多个国家，在其氢能战略中均提到了开展氢国际贸易，包括着力提高低碳制取氢的供给能力、降低成本、扩大需求等，力争在全球氢能贸易中掌握关键话语权。未来氢能有望成为与天然气同等重要的能源，深刻影响全球能源体系，甚至影响地缘政治。

6.6.3 可持续发展的氢能社会

近年来，新冠疫情蔓延，极端天气频发，地缘冲突加剧，全球经济增长预期不断下调，人类实现可持续发展目标面临愈发严重的挑战。为实现经济效益与生态效益的平衡，氢将在人类可持续发展进程中扮演更为重要的角色。

氢将改善人们的健康。尽管应用较少，氢健康的发展事实上已有十多年的沉淀。2020年上半年，新冠疫情仍处于暴发初期，形势十分严峻，国家卫生健康委推广使用氢氧呼吸机治疗新冠肺炎重症患者，将氢氧雾化吸入装置批准为三类医疗器械，甚至将其纳入了《新型冠状病毒肺炎诊疗方案》第七版和第八版的推荐治疗方法，成为世界上首次对氢气临床治疗作用的官方认可。

用氢端稳人类的饭碗。我国氢农业的研究始于2011年，研究表明，氢是有效的植物生理调节剂，可以有效增加农作物产量与品质，有利于耕地和饲料产业发展。我国已经采取富氢水灌溉农作物、氢气气调处理农副产品等国际前沿技术，富氢水对大棚瓜果、水稻等品种提质增产效果明显，且安全、绿色、无污染，对于替代化肥继而改良土壤具有显著作用。氢或许可以帮助中国人将饭碗端得更牢，甚至让全人类吃得更好。

让我们想象一个氢无所不在的社会：冬天，人们在家中调节氢燃料电池即可实现供热，燃气灶的火焰因为掺氢而更蓝，自家的氢燃料电池汽车在低温中稳定启动，无需担心停电，埋藏于地下的管道为各个社区源源不断地供应光和热。氢列车在城际间安静行驶，人们可以放心乘坐氢动力飞机而无需担心自己的碳足迹，大型工业园区没有高耸入云的烟囱，城市远处的田野架设着连片的光伏板和一个个巨大的储氢罐，抬头仰望，是明媚的阳光与湛蓝的天空。这是让人难以穷尽想象的氢能世界。

未来，将有更多经济体、国际组织、企业乃至个人加入全球氢能经济发展的体系，氢将深入重构多个产业链与生态链，融入人们生活的方方面面，一个绿色、健康、活力与可持续发展的氢能社会即将浮现在我们眼前。

思考题

1. 氢是如何参与循环经济的？
2. 欧盟等发达经济体为何将氢能视为能源转型的关键？

3. 氢安全主要涉及哪几个方面？如何避免氢燃料电池汽车车载氢系统危险的发生？
4. 我国氢能相关国家标准主要涉及哪几个方面？每个方面各有哪些标准？
5. 哪些绿色金融工具适合支持氢能产业发展？
6. 未来，氢将如何融入人们的日常生活？你所设想的氢能社会是怎样的？

参考文献

[1] 蒋敏华, 肖平, 刘入维, 等. 氢能在我国未来能源系统中的角色定位及"再电气化"路径初探[J]. 热力发电, 2020, 49（1）: 1-9.

[2] 许毛, 张贤, 樊静丽, 等. 我国煤制氢与CCUS技术集成应用的现状、机遇与挑战[J]. 矿业科学学报, 2021, 6（6）: 659-666.

[3] 张理, 叶斌, 尹晨旭, 等. 风电制氢经济性及发展前景分析[J]. 东北电力技术, 2020, 41（7）: 5-9, 37.

[4] 黄宣旭, 练继建, 沈威, 等. 中国规模化氢能供应链的经济性分析[J]. 南方能源建设, 2020, 7（2）: 1-13.

[5] 任洪理, 刘登峰, 卢慧杰, 等. 加氢型炼厂总加工流程氢气资源的优化[J]. 化工设计, 2008, 18（3）: 15-18, 26.

[6] 中国标准化研究院, 全国氢能标准化技术委员会. 中国氢能产业基础设施发展蓝皮书（2018）: 低碳低成本氢源的实现路径[M]. 北京: 中国质检出版社, 2019.

[7] 杨芊, 杨帅, 张绍强. 煤炭深加工产业"十四五"发展思路浅析[J]. 中国煤炭, 2020, 46（3）: 67-73.

[8] Hydrogen Council. Hydrogen scaling up: a sustainable pathway for the global energy transition[R]. Derby: Institution of Gas Engineers & Managers, 2017.

[9] 符冠云, 赵吉诗, 龚娟, 等. 2019年国内外氢能发展形势回顾及展望[J]. 中国能源, 2020, 42（3）: 30-33.

[10] 王茂辉, 吴霞. 浅谈电解水制氢的原理及发展[J]. 汽车实用技术, 2019（15）: 237-238.

[11] 郭博文, 罗聃, 周红军. 可再生能源电解制氢技术及催化剂的研究进展[J]. 化工进展, 2021, 40（6）: 2933-2951.

[12] 张轩, 王凯, 樊昕晔, 等. 电解水制氢成本分析[J]. 现代化工, 2021, 41（12）: 7-11.

[13] 张彩丽. 煤制氢与天然气制氢成本分析及发展建议[J]. 石油炼制与化工, 2018, 49（1）: 94-98.

[14] 苗军, 郭卫军. 氢能的生产工艺及经济性分析[J]. 能源化工, 2020, 41（6）: 6-10.

[15] 杨阳, 张胜中, 王红涛. 碱性电解水制氢关键材料研究进展[J]. 现代化工, 2021, 41（5）: 78-82, 87.

[16] CHI J, YU H M. Water electrolysis based on renewable energy for hydrogen production[J]. Chinese Journal of Catalysis, 2018, 39（3）: 390-394.

[17] 林启权, 姜滔, 赵爽, 等. TiO$_2$掺杂17Ni/（10NiO-NiFe$_2$O$_4$）金属陶瓷的抗高温氧化性[J]. 功能材料, 2014, 45 (17): 17079-17082.

[18] 李颖娜. 低温等离子体对PPS接枝聚合的研究[D]. 天津: 天津工业大学, 2006.

[19] 朱振亚, 白成玲, 王磊, 等. 磺化氧化石墨烯/聚砜复合膜的制备及抗污染性能[J]. 复合材料学报, 2019, 36 (11): 2515-2521.

[20] 王飞, 周抗寒, 管春磊, 等. PEM水电解技术在航天上的应用现状与发展趋势[J]. 上海航天, 2020, 37 (2): 23-29.

[21] MAROUFMASHAT A, FOWLER M. Transition of future energy system infrastructure: through power-to-gas pathways [J]. Energies, 2017, 10 (8): 1089.

[22] BUTTLER A, SPLIETHOFF H. Current status of water electrolysis for energy storage, grid balancing and sector coupling via power-to-gas and power-to-liquids: a review [J]. Renewable and Sustainable Energy Reviews, 2018, 82 (3): 2440-2454.

[23] 俞红梅, 衣宝廉. 电解制氢与氢储能[J]. 中国工程科学, 2018, 20 (3): 58-65.

[24] 张镇, 吴辉. 国内外质子交换膜燃料电池关键材料的性能和成本分析[J]. 电池工业, 2019, 23 (6): 305-309, 326.

[25] 纪钦洪, 徐庆虎, 于航, 等. 质子交换膜水电解制氢技术现状与展望[J]. 现代化工, 2021, 41 (4): 72-76, 81.

[26] 米万良, 荣峻峰. 质子交换膜（PEM）水电解制氢技术进展及应用前景[J]. 石油炼制与化工, 2021, 52 (10): 78-87.

[27] 迟军, 范芷萱, 俞红梅. 2020年水电解制氢技术进展[R]//中国汽车技术研究中心有限公司, 北汽福田汽车股份有限公司. 中国车用氢能产业发展报告（2020）. 北京: 社会科学文献出版社, 2020.

[28] CHEN N J, PAEK S Y, LEE J Y, et al. High-performance anion exchange membrane water electrolyzers with a current density of 7.68 A·cm^{-2} and a durability of 1000 hours [J]. Energy & Environmental Science, 2021, 14 (12): 6338-6348.

[29] 赵创要, 冀文涛, 陶文铨. R404A在低导热系数管外凝结传热的实验研究[J]. 工程热物理学报, 2014, 35 (1): 132-135.

[30] 张卫东, 李荣泉, 于震宇, 等. 焦炉煤气制氢的研究现状与进展[C]//中国金属学会能源与热工分会. 第十届全国能源与热工学术年会论文集. [出版地不详: 出版者不详], 2019: 99-103.

[31] 王亚阁, 王丽霞. 焦炉煤气制氢工艺现状[J]. 化工设计通讯, 2020, 46 (8): 86, 96.

[32] SUZUKI T. Fuel cell stack technology of Toyota [J]. ECS Transactions, 2016, 75 (14): 423-434.

[33] 刘应都, 郭红霞, 欧阳晓平. 氢燃料电池技术发展现状及未来展望[J]. 中国工程科学, 2021, 23 (4): 162-171.

[34] 侯明, 衣宝廉. 燃料电池的关键技术[J]. 科技导报, 2016, 34 (6): 52-61.

[35] STEINBACH A, DURU C, THOMA G, et al. Highly active, durable, and ultra-low-platinum-group-metal nanostructured thin film oxygen reduction reaction catalysts and supports [EB/OL]. (2019-12-30) [2021-05-10]. https://www.hydrogen.energy.gov/pdfs/progress19/fc_fc143_steinbach_2019.pdf.

[36] KONGKANAND A. Highly-accessible catalysts for durable high-power performance [EB/OL]. (2017-06-07) [2021-05-10]. https：//www.hydrogen.energy.gov/pdfs/review17/fc144_kongkanand_2017_o.pdf.

[37] 朱明原, 刘文博, 刘杨, 等. 氢能与燃料电池关键科学技术: 挑战与前景 [J]. 上海大学学报（自然科学版）, 2021, 27（3）: 411-443.

[38] 宋显珠, 郑明月, 肖镇松, 等. 氢燃料电池关键材料发展现状及研究进展 [J]. 材料导报, 2020, 34（Z2）: 1-5, 16.

[39] SONG Y X, ZHANG C Z, LING C Y, et al. Review on current research of materials, fabrication and application for bipolar plate in proton exchange membrane fuel cell [J]. International Journal of Hydrogen Energy, 2020, 45（54）: 29832-29847.

[40] 董凯瑞, 刘广彬, 高志成. 燃料电池氢气循环系统综述 [J]. 电源技术, 2021, 45（4）: 545-551.

[41] TIAN N, LU B A, YANG X D, et al. Rational design and synthesis of low-temperature fuel cell electrocatalysts [J]. Electrochemical Energy Reviews, 2018, 1（1）: 54-83.

[42] 侯明, 邵志刚, 俞红梅, 等. 2019 年氢燃料电池研发热点回眸 [J]. 科技导报, 2020, 38（1）: 137-150.

[43] WANG X X, HWANG S, PAN Y T, et al. Ordered Pt_3Co intermetallic nanoparticles derived from metal-organic frameworks for oxygen reduction [J]. Nano Letters, 2018, 18（7）: 4163-4171.

[44] SUI P C, ZHU X, DJILALI N. Modeling of PEM fuel cell catalyst layers: status and outlook [J]. Electrochemical Energy Reviews, 2019, 2（3）: 428-466.

[45] HOU J B, YANG M, KE C C, et al. Platinum-group-metal catalysts for proton exchange membrane fuel cells: from catalyst design to electrode structure optimization [J]. EnergyChem, 2020, 2（1）: 100023.

[46] CAO L S, JIANG S F, QIN X P, et al. Preparation of monodispersed ultra-small PtCu alloy with remarkable electrocatalytic performance [C]//The Electrochemical Society. ECS Meeting Abstracts. Bristol: IOP Publishing, 2017（35）: 1524.

[47] BANHAM D, YE S Y. Current status and future development of catalyst materials and catalyst layers for proton exchange membrane fuel cells: an industrial perspective [J]. ACS Energy Letters, 2017, 2（3）: 629-638.

[48] 刘义鹤, 江洪. 燃料电池质子交换膜技术发展现状 [J]. 新材料产业, 2018（5）: 27-30.

[49] SANDO Y. Research and development of fuel cell vehicles at honda [J]. ECS Transactions, 2009, 25（1）: 211-224.

[50] 刘光辉, 王星. 2021 年氢燃料电池汽车市场分析与 2022 年发展探讨 [J]. 专用汽车, 2022（3）: 4-7.

[51] 黄河, 徐文珊, 李明敏. 氢燃料电池船舶动力的发展与展望 [J]. 广东造船, 2021, 40（4）: 28-30, 74.

[52] 王翔宇. 氢动力飞行发展展望 [J]. 航空动力, 2021（1）: 24-28.

[53] 戴月领, 贺云涛, 刘莉, 等. 燃料电池无人机发展及关键技术分析 [J]. 战术导弹技术, 2018（1）: 65-71.

[54] 梁建英，刘玉文，李克雷. 氢能在轨道交通领域的应用及前景［C］//国际清洁能源论坛（澳门）秘书处. 国际氢能产业发展报告（2017）. 北京：世界知识出版社，2017：292-309，436-437.

[55] 郑津洋，刘自亮，花争立，等. 氢安全研究现状及面临的挑战［J］. 安全与环境学报，2020，20（1）：106-115.

[56] 刘艳秋，张志芸，张晓瑞，等. 氢燃料电池汽车氢系统安全防控分析［J］. 客车技术与研究，2017，39（6）：13-16.

[57] 吴荫顺，曹备. 阴极保护和阳极保护：原理、技术及工程应用［M］. 北京：中国石化出版社，2007.

[58] 李兆前，齐建国. 循环经济理论与实践综述［J］. 数量经济技术经济研究，2004（9）：145-154.

[59] STAHEL W R. The circular economy［J］. Nature，2016，531（7595）：435-438.

[60] 解振华. 大力发展循环经济［J］. 求是，2003（13）：53-55.

[61] 何建坤. 中国能源革命与低碳发展的战略选择［J］. 武汉大学学报（哲学社会科学版），2015，68（1）：5-12.

[62] 冯之浚. 论循环经济［J］. 福州大学学报（哲学社会科学版），2005（2）：5-13，112.

[63] 中国国际经济交流中心课题组. 中国氢能产业政策研究［M］. 北京：社会科学文献出版社，2020：1-21.

[64] 魏文栋，陈竹君，耿涌，等. 循环经济助推碳中和的路径和对策建议［J］. 中国科学院院刊，2021，36（9）：1030-1038.

[65] 徐嵩龄. 为循环经济定位［J］. 产业经济研究，2004（6）：60-69.

[66] International Energy Agency. Global hydrogen review 2021［R］. Paris：IEA Publications，2021.

[67] 殷雨田，刘颖，章刚，等. 煤制氢在氢能产业中的地位及其低碳化道路［J］. 煤炭加工与综合利用，2020（12）：56-58.

[68] 黄格省，李锦山，魏寿祥，等. 化石原料制氢技术发展现状与经济性分析［J］. 化工进展，2019，38（12）：5217-5224.

[69] 杨芊，杨帅，张绍强. 煤炭深加工产业"十四五"发展思路浅析［J］. 中国煤炭，2020，46（3）：67-73.

[70] 白秀娟，刘春梅，吴凤英，等. 甲醇制氢技术研究与应用进展［J］. 广州化工，2020，48（3）：8-9，25.

[71] 王雪雪，朱文. 甲醇裂解制氢工艺与优势研究［J］. 化工管理，2021（27）：93-94.

[72] 庆绍军，侯晓宁，李林东，等. 甲醇制氢应用于氢燃料电池车的可行性及其发展前景［J］. 能源与节能，2019（2）：62-65，70.

[73] 荆涛，陈庚，王子豪，等. 风光互补发电耦合氢储能系统研究综述［J］. 中国电力，2022，55（1）：75-83.

[74] 李小辉. 石油炼制中的加氢技术问题探析［J］. 中国石油和化工标准与质量，2018，38（23）：143-144.

[75] 李田亮. 有关石油炼制中的加氢技术问题的探析［J］. 化工管理，2020（3）：93-94.

[76] 中华人民共和国海关总署. 2021年12月进口主要商品量值表（美元值）［EB/OL］.（2022-01-18）

［2022-04-15］. http：//www.customs.gov.cn//customs/302249/zfxxgk/2799825/302274/302277/302276/4127373/index.html.

［77］王坤华. 加氢站建设及运营研究［C］//中国城市燃气协会. 2020年燃气安全交流研讨会论文集、调研报告.［出版地不详：出版者不详］，2020.

［78］郝伟峰，贾丹瑶，李红军. 基于可再生能源水电解制氢技术发展概述［J］. 价值工程，2018，37（29）：236-237.